DE
L'ORDRE SOCIAL

SYMBOLIQUE ANTIQUE

ET DE

L'ORDRE JUIF ET CHRÉTIEN

(RÉFLEXIONS SUR LES FACTIONS),

OU

JUGEMENT

PORTÉ

SUR L'OCCIDENT DU MONDE.

PAR A.-S. BELLÉE,
AVOCAT A LA COUR ROYALE DE PARIS.

PARIS

DELAUNAY, LIBRAIRE,
PALAIS-ROYAL, PÉRISTYLE VALOIS;

DENTU, LIBRAIRE,
GALERIE D'ORLÉANS.

—

JUILLET 1836.

IMPRIMÉRIE DE HENRI DUPUY,
RUE DE LA MONNAIE, N° 11.

PRÉFACE.

Voici quelques réflexions *graves* que nous livrons aux méditations des hommes intelligens. Elles sont très-décousues ; mais si l'on fait attention qu'elles ont été écrites en courant, prises, laissées et reprises à tout moment, au milieu d'une foule d'occupations nécessaires, absolument étrangères au sujet que nous traitons, on nous pardonnera. Le décousu d'ailleurs n'est qu'apparent, et ne porte que sur la surface ; car, pour le fond, il est certes bien lié et serré, et les lecteurs un peu forts le sentiront bientôt en lisant.

NOTA. Le mot *sattwatique*, souvent employé dans le cours de ce travail, nous l'avons formé du mot sanscrit *sattwa*, qui signifie ame douée de lumière et de bonté, par opposition à celles qui sont passionnées et ténébreuses.

DE
L'ORDRE SOCIAL
SYMBOLIQUE

ET DE

L'ORDRE JUIF ET CHRÉTIEN.

Si, dans les États despotiques, il est dangereux à l'homme de bien et éclairé de représenter la vérité au despote, combien ne l'est-il pas de le faire dans les nations anarchiques, où ce n'est pas le souverain qui a la parole, le pouvoir effectif, mais une cohue *oligarchico-démocratique* qui, voyant que cette mise au jour de la vérité va l'arrêter dans son système de pillage et de désorganisation de la société, rugit toute infailliblement contre vous? L'homme de bien-là qui le fait, court les plus grands dangers; car ce n'est pas seulement à un *despote* qu'il aura affaire, mais à des milliers de *petits tyrans*, qui viendront d'autant plus *trancher du prince* contre lui, qu'ils sont plus stupides et sentent qu'ils ont moins de responsabilité.

Cependant, cette vérité, il faut la dire, dût-il en coûter la vie; car Dieu a ainsi fait les choses qu'elle triomphera et qu'elle sera dite. L'homme, au milieu ou sur le théâtre du monde, n'est pas le maître de ses impressions et de ses jugemens : son intelligence, toujours active, ce n'est pas lui qui se l'est donnée, c'est quelqu'un au-dessus de lui. Quoi qu'il en ait donc, une force invincible, dans bien des cas, le pousse à manifester ce qu'il ressent et comment il le juge.

Toutefois, ici, c'est aux gens de bien et au prince qu'il faut parler et qu'on s'adressera; parce que les premiers, par leur moralité, veulent seuls sa manifestation, et que le *prince*, par ses soldats, peut seul la faire triompher.

—

En ce moment, que se passe-t-il, quelle est la situation?

Pour répondre à cette question, il faudrait remonter de plus haut, car ce qui se passe est une suite de ce qui s'est dit, écrit et fait antérieurement, autrefois. Mais voyons d'abord pour le temps présent.

La société, l'espèce humaine, est logique par cela seul qu'elle discerne; elle a des lois, des codes, des constitutions ou *s'en fait*. Eh bien! quelles sont les constitutions, quel est le code de la société actuelle européenne, surtout de la France?

La situation! il est beaucoup plus facile de la sentir que de la rendre; car, la société, l'ordre social, desquels il s'agit de parler, sont un composé tellement complexe, une formule où il entre tant de facteurs et d'exposans, qu'il n'est donné qu'à très-peu d'intelligences d'en raisonner juste. Essayons cependant.

Voyez! tout dans les créations de Dieu, qui est gradué, qui grandit, qui fait son chemin doucement, harmoniquement et *en cercle;* tout dans le monde des hommes, que nous avons sous les yeux, qui est saccadé, rompu, en désordre, anarchique : les plus grandes situations précipitées en un instant, les plus misérables infériorités élevées au faîte en un jour! une société tout entière voulant *vivre* sans *religion* et sans *Dieu,* et des *cultes* voulant vous montrer *Dieu* dans des futilités, des platitudes, des sottises, des abstractions sans intérêt présent pour vous; des religions vous enseignant à souffrir, rien qu'à souffrir, et que vos seuls biens, si vous n'en avez pas pour le moment de terrestres, si vos pères ne vous en ont pas laissé, sont dans la *seule espérance d'un royaume des cieux,* d'un royaume que vous ne verrez point dans votre état d'homme et de créature, mais d'esprit, quand vous y serez rendu! (tous les journaux de la faction liberale, tous les jours, depuis leur création; le journal *la France,* 28 juin 1836; ce journal et tous ceux de la faction dite carliste, tous les jours aussi depuis qu'ils existent. Voyez cela!)

Mais les feuilles, les écrivains, pour montrer, enseigner et défendre la vérité, ...? néant!

Dans les créations, il y a bien visiblement, bien notoirement *trois manifestations.* Cela, ce n'est pas seulement parce que c'est écrit dans toutes les pages des enseignemens de Pythagore, des méditations des

sages de l'Inde, des législateurs des empires de l'O-
rient de l'Asie ; mais parce que cela se remarque,
pour qui veut voir, aussi bien aujourd'hui cinq juillet 1836, comme à toutes les époques, non-seulement
dans l'espèce humaine, parmi les hommes, en France,
à Paris ; mais même dans toutes les espèces d'êtres,
depuis le *ciron* jusqu'à l'*orang-outang*, depuis le plus
petit satellite jusqu'à la sphère la plus majestueuse ;
que, chez l'homme, il y en a qui naissent avec la *faculté et l'amour* de la généralité ; qui embrassent
toutes les *parties*, mais pour tirer les conclusions ;
mais qui ne peuvent s'occuper des parties que quand
ils ont vu qu'elles découlent bien du principe premier, seul vrai, synthétique, générateur et harmonique ; à l'instar de celui que Dieu a posé et des *parties* qui en descendent comme conséquences médiates.
Dire à un de ces hommes de se mettre à tenir *des livres*, à *faire le commerce*, à *écrire des ouvrages de
droit* en *partant* des principes du *Digeste et du Code,
des décrétales et du pouvoir civil*, ou de ceux de cette
littérature vide, idéologique, anarchique et rationaliste, ou de se faire magistrat pour appliquer ces principes ! mais cet homme ferait son *enfer ici-bas* ! Ayant
à juger, comme l'autre jour cela eut lieu, par exemple,
un misérable comme l'écrivailleur du pamphlet *le
Censeur judiciaire*, pour le condamner à un mois de
prison et à une simple amende, et peut-être seulement à l'une de ces deux punitions, il ne voudrait
donner son jugement sur un pareil *être*, qu'autant
que la loi lui prescrirait de prononcer jusqu'à ce que

mort s'ensuivît. Parce que, par la scélératesse intérieure de ce misérable, par son audace à imprimer
contre les choses et les hommes, le mensonge comme
la vérité, cet homme synthétique verrait tout de suite
dans une pareille conduite de ce calomniateur pour de
l'argent, toute cette foule d'hommes faibles pour le
bien comme pour le mal, par leur peu de discerne-
ment, et les ames nées méchantes chez les autres,
travailler dès le lendemain à l'imiter de plus ou moins
près, et arriver très-vite à systématiser et faire un
code de la calomnie même et du mensonge, ou à donner à quelqu'un de ceux-là les élémens d'en faire un.
Ce qui perdrait la société, objet constant de sa sol-
licitude, peut-être pour des siècles.

Il ne pourrait point, parce que, ayant à prononcer
sur quelques-uns de ces intrigans à *annonces dans les
petites affiches ou journaux,* d'entreprises *superbes
et en train,* pour lesquelles il leur « faut un *facteur
de bureaux,* un *coureur ou commis de caisse ;* mais à
la charge du dépôt en entrant de quatre ou six mille
francs pour cautionnement, l'emploi étant superbe, et
attendu le grand nombre de solliciteurs avec offres de
fonds qu'on est forcé de refuser ; » et qui, se trouvant
n'avoir agi ainsi que pour voler l'avoir de ce malheureux, celui-ci en demande la réparation devant la justice, cet homme voyant que la loi ou la jurisprudence
ne lui permet de châtier que le fripon annonçant, en
laissant le filou afficheur journaliste se retirer, riant
dans sa barbe de l'argent qu'il a toujours reçu, lui,
pour imprimer et faire voler le malheureux, il se *croi-*

serait les bras et s'abstiendrait entièrement, plutôt que de rendre une aussi mauvaise et désorganisatrice justice. Parce que son intelligence large et juste lui démontre très-bien, qu'attendre que ces *ruses* des filous dans les petites affiches ou ailleurs, soient tellement ou arrivent à être tellement connues, que personne ne s'y laisse plus prendre, c'est attendre l'impossible, dans la société y ayant toujours des individus qui ignorent et ignoreront dans certains cas ou toujours, que l'on peut tromper et être trompé par ces moyens ; que la justice doit protection à ces hommes-là comme aux autres, peut-être plus même, cette confiance de leur part dénotant de bons sentimens intérieurs, qu'ils croient exister dans le cœur de tous.

Laisser déverser constamment par des pamphlétaires sur les individus, la *moquerie* et *le ridicule*, parce que la loi ne défend pas *ces petites choses*. Dès l'instant même de cela, voyant, lui, toute la profondeur de l'ignorance du législateur qui a fait cette loi, il n'espère plus rien en un tel homme, et prie Dieu bien vite que le prince ne le rappelle plus jamais pour en refaire d'autres ; et, sachant bien que ces moqueries enfanteront bientôt les faiseurs de caricatures (que nous avons vus pendant si long-temps), et que ceux-ci produiront les hommes d'État de certains pamphlets, des fripons en grand nombre, et puis, par réaction de stoïcisme chez quelques-uns, des *régicides atroces*, il se croisera encore les bras à la vue des attentats de ceux-ci, si ceux qui *peuvent* faire, lui montrent qu'ils veulent continuer de *patauger* dans cet *océan* de contradictions et de *non sens*.

Sous l'ordonnance criminelle de 1670, qui punissait de mort le faux, et prescrivait dans certains cas la question pour arriver à la découverte de la vérité, voyant des écrivains attaquer ces principes de la loi comme trop durs, comme inhumains, par la profon deur de son esprit synthétique, lui, lui montrant tout de suite les conséquences lointaines d'un affaiblissement dans la peine contre le faussaire, il aurait vu le faux et les impostures se multipliant, à tel point, que les administrations, l'Etat, les établissemens publics, etc., étant obligés de ne plus jamais rien admettre désormais de *verbal* ou de *privé*, dans les demandes, pièces, justifications et réclamations à leur adresser, les honnêtes gens ayant affaire à eux, et ces milliers de pauvres gens aussi honnêtes, et réclamant les petites sommes, qui en sont de grandes pour eux, qu'ils leur doivent, être insultés par la *mise en doute* continuelle de leurs dires et déclarations, par de simples employés à eux bien inférieurs, mais qui ont reçu la *consigne* de ne rien croire que sur pièces authentiques ; et les pauvres voir les *petites sommes* qui leur sont dues et dont ils ont tant besoin pour vivre, être mangées et dévorées par toutes ces paperasses, enregistremens, timbres, honoraires de notaires et temps perdu, qu'elles leur coûtent ; et, en résultat et comme dernière conséquence, la grande désaffection et même la haine chez eux tous contre le gouvernement. Et *cela*, pour avoir trouvé trop dur qu'un scélérat qui a fabriqué des faux pour voler, n'aille plus trop sévèrement servir d'exemple à ses pareils en idées, en expirant à la Grève !

Et sur l'abolition de la question d'une manière absolue, que dès après, mais plus tard, comme suite et conséquence nécessaire, la société et la justice se verraient, d'un côté, démoralisées par les acquittemens continuels de méchans évidens, qui auraient toujours *nié;* et de l'autre, insultés par ces effronteries, cette *constante et audacieuse fourberie*, ces mensonges palpables, que l'on remarque aujourd'hui chez presque tous les accusés : à tel point, qu'il est passé en principe aujourd'hui chez juges et avocats, que quelque manifestes et patens que soient les faits dans les affaires criminelles ou civiles, il n'est pas flétrissant de *nier !* Cet homme-là aurait sur le coup fait châtier l'*écrivailleur critique* de cette partie de l'ordonnance de 1670, et sur le coup aussi, saisi une plume et démontré toutes ces conséquences affreuses ci-dessus, dans la gazette du gouvernement; choses qu'aucun homme sensé ne peut nier aujourd'hui, n'être pas deux des élémens les plus désorganisateurs et démoralisateurs qui infectent la société présente.

Sur l'application de la question? En démontrant que quand on cesserait de prendre des *danseurs* pour géomètres, et des *pantins* et fashionables pour magistrats, et qu'on aurait soin de ne plus jamais nommer juges instructeurs que de ces hommes dignes et graves, aux mœurs pures et au jugement sain, ou pris parmi leurs enfans, on ne verrait plus la question s'appliquer qu'à des criminels pervers, à d'audacieux et d'immoraux scélérats, auxquels le fer et les tenailles peuvent seuls arracher la vérité, ou au moins mettre sur la voie. Et le peuple, c'est-à-dire la population tout entière, y aurait cru, et applaudi au châtiment infligé au bavard *étroit* qui déclamait la veille contre de si bonnes choses, par ignorance.

Et si, nonobstant ces sages conseils de sa part, et la *docilité éclairée du prince* à les suivre, des faux en nombre avaient pourtant apparu, et que souvent des accusés non coupables ou peu coupables fussent meurtris et blessés par des applications de la question, se retournant alors de suite vers *celui seul* qui fait les hommes bons ou méchans, moraux et véridiques, ou menteurs et dépravés, c'est-à-dire le *sacerdoce*, il lui aurait demandé quel aurait été *son Dieu :* la définition que *son dogme* aurait donnée de *l'homme et des choses ;* et si, le surprenant, l'entendant, pour répondre à son interpellation, *sophistiquer dans le vide* et *sur le vide ;* dire que *Dieu* est un *pur esprit* en dehors de la matière ; que la matière est le *péché* et ne vient pas de lui ; que Dieu qui, à son jugement divin à lui, animant et faisant l'univers être ce qu'il est, si ce sacerdoce ne savait pas que l'univers physique étant le corps de Dieu, pour bien connaître Dieu, il faut observer avec soin les mouvemens et manifestations de son corps, comme pour apprécier les qualités intérieures, le caractère de tel homme-esprit, il faut observer cet homme-corps, l'entendre parler, le fréquenter, etc., il m'aurait chassé *igno-*

minieusement ce sacerdoce comme *stupide et téné-breux*, et par là immoral ; puisque, enseignant conti-nuellement et universellement des choses comme ve-nant de Dieu et vraies, qui contredisent les lois du monde, de l'univers physique, du corps vivant de Dieu, et par là, qui nient Dieu même, les enfans, les popula-tions n'apprenant sous de tels *prêtres* que des doctri-nes que leur plus simple observation des choses socia-les, des phénomènes de l'univers, renversent complè-tement, ils ont fini par croire que l'art de la vie n'était plus que l'art de *tirer son épingle du jeu*, et qu'entre le monde et l'école, il n'y avait aucun rapport ; et comme conséquence dernière, que la vérité ou le mensonge étaient aussi *peu à considérer* l'un que l'autre. Que de là les faux nombreux, des nombreux magistrats rompant bras et jambes en toute tranquillité et gaieté de cœur, à des accusés et à des prévenus. Cet homme conseillant à l'instant même au prince de se revêtir de la tiare, il l'aurait tiré et conduit par la main dans l'un des temples existans ou en un lieu quelconque, et là, en présence de tous, après avoir élevé les yeux et les mains vers le ciel et la terre, en invo-quant *Dieu* et les *dieux*, et s'être profondément in-cliné devant le prince, il l'aurait sacré et béni pon-tife-roi et coiffé de la triple couronne.

A partir de là, il aurait enseigné et fait enseigner ceux de parmi les anciens sacerdotes qui auraient été bons et intelligens, la religion vraie. Tous les autres, traités comme imposteurs ou imbécilles, incapables d'enseigner, s'ils avaient voulu continuer de le faire, auraient été sans miséricorde renvoyés dans les rangs industriels de la population, pour y travailler. Mais reprenons où nous en sommes restés, aux trois manifestations évidentes dans la création.

La première, nous venons d'en parler ; elle est composée des hommes à intelligence synthétique, des ames *lumineuses*.

La seconde, des hommes passionnés, violens, impressionnables sans puissance sur eux pour se modérer ; aimant la gloire, mais la gloire présente, non historique, que les ames des premiers considéreraient pour eux comme gloriole, juste pour ceux-ci ; les hochets frappans, très-ostensibles ; jouissant par momens jusqu'au délire, mais s'ennuyant de même, s'il n'y a toujours du bruit, et que les regards physiques de la foule ne soient constamment sur eux, etc. Cette seconde manifestation, dans l'espèce humaine, est propre et seule propre à composer l'armée. Et effectivement, dans les sociétés bien constituées, l'armée tout entière, avec les officiers dans les bas degrés de la hiérarchie, en est composée. Il y a de plus cette chose chez elle qui est un avantage, c'est que, ayant en général assez d'intelligence pour comprendre ce qu'on lui dit (ce qui ne se rencontre pas dans la troisième nuance qui ne se gouverne et ne peut se gouverner que par la *crainte* tempérée d'une paternelle bienveillance [1]), vive qu'elle est, mais sentant qu'elle

---

[1] On doit dès-lors dire ici, que si l'armée se recrute sur toute la population, comme cela a lieu dans les divers États de l'Europe,

manque de largeur et de prudence, elle est on ne peut plus obéissante, docile et ponctuelle aux ordres de ses chefs; et cela, d'autant plus que le chef est plus élevé en grade, jusqu'à l'obéissance enthousiaste et religieuse, si ce chef est en même temps le roi.

La troisième manifestation est composée de l'innombrable masse, de toutes ces intelligences nées pour ainsi dire sans aucun germe de savoir, ignorantes dès lors, non pas parce qu'elles n'ont pas pu aller à l'école; mais parce qu'elles ne sont pas susceptibles d'apprendre, et qui sont propres à travailler aux choses tangibles et seccables, à remuer et façonner dans une faible mesure la matière. Ces ames, on peut les définir, ont pour propriété saillante auprès de deux autres nuances intellectuelles, d'être *douées d'obscurité*.

Telles sont les trois manifestations divines, et quiconque ne sent pas du tout ou ne sent pas bien cette *trinité*, sur laquelle les empires méridionaux primitifs, et toutes les nations de l'extrême Orient de la terre sont encore absolument établis aujourd'hui; et qui n'aperçoit pas distinctement ces trois *nuances* dans les populations *actuelles européennes*, quoique, par l'altération du sang des pères et mères aux enfans, dans ces nombreuses générations qui ont eu lieu de-

par *le sort,* au moyen d'un tirage, cette armée ne peut être disciplinée convenablement et être une armée, qu'en admettant et conservant les punitions corporelles, une très-grande quantité de soldats étant trop stupides pour comprendre la dignité et l'honneur et y obéir par leur mobile.

puis l'obscurcissement de la vérité dans cette dernière contrée, la chose soit moins apparente, celui-là,
qui ne voit pas cela, n'est pas un *homme d'État.*

Voyons, contrôlons-le ; prenons pour cela la révolution française, et un passage que nous avons écrit
pour un autre ouvrage que celui-ci, et qui, quoique
commençant un peu à côté de notre narration présente, ne vient pas moins y tombant pleinement,
comme on va bientôt le voir.

En effet, l'un (il s'agit là de Voltaire et de Rousseau), auquel il y a tout au plus à reprocher de ne
pas s'être fait une idée assez étendue de l'importance
du culte, et de la forme qu'il doit revêtir, avait senti,
on le voit bien, par l'esprit des ouvrages des vingt-
cinq dernières années de sa vie, les conceptions
théologiques et théogoniques de l'antiquité occidentale, et l'immense valeur, pour l'Europe, des traductions dogmatico-littéraires, envoyées tout récemment par les voyageurs et les missionnaires en Asie,
des conceptions *confuciusiennes* et *bouddhiques*,
chez les nations de l'Asie orientale, et les hiérarchies
et harmonies toutes spontanées, des intelligences et
des vocations, dans la société fondée sur les véritables lois de Dieu.

Tandis que l'autre, l'esprit rempli de la pensée *biblique*, et de l'idée étroite, fausse et haineuse, que
les hébreux et les chrétiens se faisaient et se font toujours encore de la création, de la véritable nature
de Dieu, qui est, non comme lui et eux le pensaient,
l'intelligence infinie, mais la lumière *vivante*, qui crée

et modifie sans cesse; qui a formé ce monde après bien d'autres mondes et en présence de bien des mondes existans; que la lumière étant dans l'univers avant lui, ce ne fut point la *lumière* qu'il fit d'abord, comme dans *Moïse*, mais bien les *eaux*, comme dans *Manou*, *Confucius* et *Bouddha;* et que l'univers fut, comme dans ceux-ci, l'expression de sa *pensée*, et non de sa parole, comme dans celui-là. Ce qui conduisait toujours, comme on l'a dit, à faire de *l'anthropomorphisme*, à donner à Dieu une forme humaine, et à retrécir la pensée humaine sur l'hunivers, à la mesure *exclusive* de *cette terre*, la seule image de Dieu s'y trouvant, l'homme. Idée fausse, impie et abominable, qui a enfanté toutes les aberrations qui assassinent l'Occident depuis si long-temps.

Le jacobinisme et le cannibalisme, sous la première révolution, qui ont tant préjudicié aux masses, par l'idée de *souveraineté individuelle* et d'anarchie impuissante, qu'ils ont aidé et achevé de semer et maintenir encore jusqu'aujourd'hui dans la société, viennent et ne viennent que de la *Bible, vieux* et *nouveau Testamens;* mais surtout des ouvrages de Rousseau, qui, les y prenant, les a portés jusqu'à leur dernière expression.

Que pourrait faire, on le demande, une cohue d'individus prétendant tous juger de la chose publique, non-seulement dans les affaires spéciales d'administration ou autres, arrivant jusqu'à la personne des citoyens, mais même des mesures générales, de la pensée gouvernementale, qui doit toujours embrasser, pour être juste , l'individu et l'ensemble, le genre humain et la terre ; c'est-à-dire être l'expression la plus générale qu'il soit donné à l'humanité par le petit nombre d'intelligences très-supérieures que Dieu lui donne, de concevoir les choses de la création? rien que du *gachis*, un *ignoble chaos*. Quelques-uns de ces individus, tous mêmes, pourront bien faire des actes d'héroïsme, mais ce sera toujours l'ignorance d'esclaves, qui, ayant rompu leurs chaînes et expulsé de chez eux leurs maîtres, se croient pour toujours propriétaires de leur biens et maîtres du pays ; quand, par des combinaisons morales d'intelligence, de prudence, prévoyance et habileté, ils les font bientôt tomber dans le piége, ou les enlacent dans un cul-de-sac sans issue.

C'est ce qui arrivait à ces déclamateurs , à ces idéologues bavards , dans les assemblées délibérantes et à l'intérieur, pendant la révolution ; et sans que quelques hommes un peu supérieurs volaient de temps à autre aux frontières, et arrachaient les soldats au spectacle dissolvant et anarchique de cette cohue, vingt fois la France aurait été envahie et conquise par l'étranger !

Mais, de la part des chefs comme des soldats, il n'y avait là que la *pensée militaire, tempérée* si l'on veut par le sentiment de l'honneur ; mais comme l'honneur qui ressort de la conception judaïco-nazaréenne, et de la Rome de la république et des empereurs, est *l'orgueil*, un pareil pouvoir pesait et pèsera toujours sur les populations étrangères ou françaises, de tout le poids de la force sans la persuasion ; par conséquent sans produire la fusion des vaincus avec les vainqueurs, ou la paix intérieure. Dans l'Asie orientale et dans l'antiquité occidentale, il n'en était pas ainsi ; et dans la *grande révolution*, qui se fit presque simultanément, et à très peu de chose près par les mêmes principes : en Orient, par *Confucius ;* au midi, par *Zoroastre ;* à l'occident, par *Pythagore*, les grands guerriers qui la firent, étaient entourés chacun d'un corps d'hommes de la *première nuance* plus haut, c'est-à-dire d'un *sacerdoce*, qui développait par le savoir, l'éloquence, la poésie, la musique, tous les arts enfin, sur les populations, les idées du *héros*, qui avait bien lié et bien clair dans l'esprit tout ce que l'initiateur et son peuple, possédaient dans le moment ; or, quel homme un peu supérieur ne voit que l'Occident, par les *incroyables circonstances* de la situation, est peu loin de celles qui mirent les armes aux mains de Chi Hoang-ti, de Cyrus et de Numa Pompilius, pour traduire dans les faits les lois de *Confucius*, de *Zoroastre* et de *Pythagore*, qui étaient ce qu'il y avait de plus socialement vrai dans ce moment-là !

On a beaucoup répété qu'à la mort d'Alexandre son empire fut divisé, que ses généraux se le partagèrent ; mais cette division ne fut, pour les peuples de ce vaste empire, que comme la *Corée* et le *Tonquin*, distincts de l'empire *Chinois*, où les mêmes principes et le même ordre social règnent, les communications d'un lieu à l'autre y ayant lieu pour tous et sans entraves , cette division dans l'empire d'Alexandre ne fut qu'une *masure administrative*, tant que *l'abstraction anti-sociale biblique* (pour tout autre contrée que la Mésopotamie), exportée du désert de *Tor* par la version de Ptolémée, et l'imprudent mélange, par les Macédoniens, de peuples à doctrines si diverses, n'eut pas altéré en *Syrie*, en *Asie-Mineure* et en *Grèce*, les idées symboliques chaldéennes et égyptiennes.

Et un Grec de Chéronée ou d'Athènes, de Phocée ou d'Antioche, allait de ces divers lieux à Séleucie ou à Suze, à Persépolis ou à Memphis, à Babylone ou à Pergame, sans qu'on lui demandât de passeport, sans sortir de la Grèce. Bref, Alexandre, avec cette même pensée (car ce fut avec elle, et il ne fut pas plutôt en Asie qu'il la sentit), quoiqu'elle eût déjà alors plus de deux cents ans de règne, fit d'immenses choses pour la civilisation , et Plutarque, en le déclarant lui-même , a eu raison. Or, la révolution française , faite *par* et *pour l'athéisme*, et incarnée en Bonaparte, n'a pas même pu laisser la France ce qu'elle était auparavant ; et les *dynasties* des généraux d'Alexandre existaient encore toutes , trois siècles après sa mort ! et trois siècles sont bien quelque chose auprès de ce qui se passe en France, seulement depuis Henri IV, depuis la Saint-Barthélemy !

D'ailleurs , une révolution par *l'athéisme* , outre qu'elle n'est jamais , d'abord , qu'une ébullition passagère de passions et de ressentimens, contre l'ordre oppresseur-spoliateur établi ; ensuite , qu'un mobile de *cupidité* et d'*égoïsme*, et par là même de nouvelles spoliations du plus grand nombre, elle est inconstante, intermittente, sans logique, sans suite; et tout étant soumis, tout étant régi par la volonté agissante de tous, ne l'est dans la réalité par la volonté de personne. Toutes ces odieuses ingratitudes que l'on remarque dans les démocraties antiques, et depuis cinquante ans en France, se reproduiraient infailliblement. Tandis que par l'idée religieuse *faite corps* (définition vraie de Dieu), *sous un vêtement symbolique-multiple, et un sacerdoce*, l'idée mère, première, fondamentale de toutes celles comprises par le peuple et pour lesquelles il s'est insurgé, pour la traduction dans les faits desquelles il a pris les armes, est tous les jours reproduite, développée, expliquée à chacun et à tous; afin que, noyée qu'elle ne pourrait manquer d'être dans un déluge d'incidens et de faits secondaires, elle ne soit jamais perdue de vue par celui qui a le timon gouvernemental dans les mains, et par l'opinion elle-même qui a créé ce pouvoir, et qui, alors, peut le briser et le brise en effet sans secousse ni anarchie, s'il ne va pas bien ou trahit son mandat. Si la révolution de 89 s'était faite de cette manière, elle ne se serait pas vue périr dans les mains mêmes qu'elle avait choisies pour se défendre et se réaliser.

Mais qui fera donc, ou dans les mains de qui tombera infailliblement le fardeau de l'opérer, cette révolution?

Disons-le hardiment : de l'aristocratie politique,

d'intelligence et de vertus dès-lors, et de fortune chez beaucoup, et rien que l'aristocratie, les masses aidant. »

Telles étaient les réflexions que nous écrivions il y a plus de trois ans, sur les *manifestations trinaires* dans la création, et sur leur application à la révolution française.

Mais reprenons et continuons de faire le tableau de la situation présente ; nous démontrerons ensuite que cette situation est la conséquence juste, logique, évidente de ce qui a été pensé, dit et enseigné, soit religieusement, soit civilement, dans les temps antérieurs ; comme l'avenir ne pourrait manquer d'être la conséquence, le développement de ce qui se passe aujourd'hui, s'il n'était bien impossible *à ces principes*, vu le *hideux et mortel enfantement actuel qu'ils ont produit*, de se faire supporter plus long-temps par l'espèce humaine, sans que cette fois elle ne les sape ou ne les tourne [1]. Il ne restera, il ne reste plus même, dès aujourd'hui, qu'à éclairer le prince auguste qui gouverne la France, à lui montrer la voie, et même le salut ; car, nous sommes obligé de le dire, la dynastie tout entière y périrait, si, se bornant à écouter des aveugles et des intrigans lui criant à toute heure et en toute occasion, cette ignorante

---

[1] Ce n'est pas nous qui provoquons cela ; mais, comme nous l'avons dit en commençant, sur le théâtre du monde que nous sommes, notre esprit est frappé des faits et forme des jugemens : nous faisons de l'histoire ici.

2*

phrase : Sire , qu'on fasse exécuter les lois ! elle ne *sent que la difficulté est plus haut et n'y porte remède*. Puisque , plus ce fatras cérébral , rationaliste, anarchique et ténébreux , recevra d'application , plus la situation s'empirera. Le pouvoir, depuis plus de quatre-vingts ans , hors quelques momens sous l'empire, n'étant notoirement plus rien [1], ne s'exerçant que sur quelques petits faits sociaux, mais laissant des actes de la vie intérieure des individus et des masses, immenses , et en nombre presque innombrable , sans y venir mettre sa main directrice, tutélaire, ou de châtiment, selon les cas , au milieu d'un *aspect* en apparence *tranquille* de la société , et d'une *allure* qu'on dirait *ordinaire* du public vis-à-vis des autorités, tribunaux, administrations, de la société enfin devant le pouvoir descendu aux détails , il se fait un travail de *voleries* et de *friponneries*, en grand et en détail, de biens, par une quantité innombrable d'individus dans la masse de la population, qui , les uns, ayant déjà beaucoup, veulent avoir bien plus et tout de suite , pour monter, par cette *absence même de hiérarchie dans la société, qui caractérise les sociétés chrétiennes*, qui leur *montre* la possibilité de se *poser où ils voudront avec de l'argent ;* les autres, n'ayant rien et n'en méritant pas , ou du moins que dans une

---

[1] En égard aux développemens de la société s'arrachant du vide mystique et pauvre chrétien, sans que le pouvoir s'agrandisse, lui, et que faisant ce que l'Eglise ne pouvait faire, vu son *sot dogme*, il se fit prêtre aussi bien économique que prêcheur dans le temple.

très-petite mesure, veulent, veulent aussi *à tout prix des biens*, et *tout de suite, pour vivre sans travailler, briller et jouir.* Et l'on peut facilement se faire une idée de ce qui arrive : c'est que, les uns et les autres, poursuivant, *l'esprit tendu*, leurs infâmes projets, sont ou déçus, ou manquent leurs coups par plus fins qu'eux qui les dépassent, perdent souvent ce qu'ils ont déjà en frais de *mise en train de leurs plans de vol*, sont arrêtés par l'œil de l'autorité qu'ils aperçoivent ouvert sur eux, ou sont brusquement coupés au moment où *ils allaient empocher, par aussi fripon qu'eux, qui les fait partager de moitié; quelquefois, à l'instar du lion*, leur fait tout donner pour se taire ; tous ensuite, étant les uns pour les autres l'objet de la jalousie la plus *forte* ou de la haine la plus *amère*, arrivent à mépriser, à avoir en horreur l'ordre établi, et à désirer violemment son renversement : or, avec une pareille société, un rien peut se tranformer en une tempête.

On le répète, une société échafaudée sur l'*abstraction* ne peut subsister qu'autant que *nue, vide et pauvre* comme sa théorie, elle n'a, elle ne voit chez les individus qui la composent que des *propriétés idéales* et de *pur sentiment : c'est-à-dire rien de positif;* parce qu'alors elle ne peut faire aucune comparaison fâcheuse, lui montrant que cette société n'est pas conforme à sa nature. Mais si, quoique ignorante de *soi*, de la *véritable nature de l'esprit humain*, qu'il soit capable de créer par la pensée des principes, des théories, et d'en tirer ensuite les conséquences, sans que pour cela on puisse dire que ces théories et ces principes soient vrais, elle est capable pourtant de *discerner* dans le monde les causes ou premiers principes des choses, et d'en suivre les conséquences; c'est-à-dire de voir dans les productions physiques des petites choses créées, qu'elles sont la suite logique des grandes; alors, se repliant sur soi-même, comme cela ne peut manquer d'arriver chez elle, elle se voie, soit comme corps et en masse, soit pour chacun de ses membres, sans cesse *devant* le pouvoir, les tribunaux, administrations, comités, autorités, avec ses créations, ses théories de raison, dire: Cela m'appartient, je demande cela, je nie devoir, je n'ai pas fait cela, on ne m'a pas fait, ou on m'a fait, etc.; et comme par *cette multiplicité* de l'esprit ou de l'ame, à l'*instar de l'ame divine*, multiplicité qui la caractérise et qui ne permet d'autre définition possible d'elle que de dire : *elle est parce qu'elle est*, un chacun a bien pu faire, mais une minute après défaire, vouloir et dire : Je veux, ou je veux mais comme cela, et une minute après ne plus vouloir, sans le déclarer; mais ne pas faire ou ne pas marcher, ou ne plus marcher selon la forme arrêtée; promettre faire ou de donner, de telle manière, tel jour ou à telle heure, et puis changer de volonté ou d'action, par perversité, inconstance ou mollesse, *aucun œil* du châtiment ne se montrant pour forcer à la garder, cette *constance*. Vous *citez*, c'est-à-dire vous *écrivaillez d'ajournement votre adversaire*, devant le juge, les juges, l'homme ou le corps quelconque du pouvoir ou arbitre, pour se voir condamner ou être puni d'avoir fait cela ou de ne l'avoir pas fait, de ne l'avoir fait qu'un moment, quand il devait le faire long-temps ou toujours, avec tel mode, à tel lieu et à telle heure, et non à tels autres, ni de la manière dont on a fait, que, *vingt fois, cent fois déjà*, vos exploits, ajournemens, conclusions, ne *sont* pas *encore sortis de votre plume, revenus de l'enregistrement, ou arrivés au délai imparti*, il a changé en mal et préjudice pour vous, avec tels et tels autres modes, circonstances, temps et lieux, *ce dont vous vous plaigniez* au juge ou à l'autorité. En sorte que quand vous arrivez devant le juge, et lisez votre demande ou plainte, ou qu'on la lit pour vous, ce n'est plus de cela qu'il s'agirait, ou au moins comme ça qu'il vous faudrait demander, méconnaître, ou réclamer, refuser ou défendre ; mais de telles et telles autres manières, telles et telles choses, et dans tel et tel mode qu'il vous faudrait. Que pour cela faire, il faut du temps ; que vous n'êtes pas seul, d'un autre côté, à postuler ou défendre, à incriminer ou à vous garder ; que le juge ou l'autorité (devant lesquels, par ignorance de la constitution, la société a été ainsi toute poussée au lieu de l'administrer, juger ou défendre à domicile, en famille, à la porte du foyer d'un chacun) est fatiguée ou voyez qu'elle va l'être, ou s'ennuie, et que tout ce que vous avez ou auriez à ajouter à votre demande ou à dire, quoique capital pour vos intérêts et la justice, puisque le droit vient du fait, que tout cela n'est ou ne serait plus que du *verbiage*.

Vous obtenez jugement ou déclaration, mais ne vous faisant droit qu'en partie ou passant *à côté* de ce que vous aviez à faire juger; ou prenant le *contre-pied* sur tout; et quoiqu'il y eût réparations à obtenir, droits importans à faire reconnaître, condamnations à prononcer ou ordres à prescrire, ce jugement n'est rendu *sur rien et va ruiner les deux parties*. Bien plus encore, si, en courant vous rendre à cette *unique salle* d'audience, pour appuyer votre demande ou vous défendre, vous rencontrez votre frère ou votre père que vous n'avez pas vu depuis six ans, et que vous passiez deux minutes à l'embrasser, ou que l'on vous insulte, et par là vous arrête, ou que vous vous vous démettiez un pied; d'une manière ou d'une autre, enfin, que vous perdiez une minute, et que le juge, monté sur son *escabeau* ou son *estrade*, aura prononcé ces deux seuls mots : *Déboute* ou *condamne*. Et si, d'après d'autres théories abstractives, dites de procédures et consignées dans un code à part, la décision à rendre devait être en dernier ressort ou sans appel, vous arriveriez, vous seriez là sur le *seuil* de l'audience, là preuve matérielle en main de la justice de votre demande ou de votre libération, votre fortune tout entière est dans l'affaire. Il est trop tard! le juge a parlé! Et vous êtes ruiné, sans pain, vous et vos enfans, ou très-obéré, pour avoir pris une minute pour embrasser votre frère, ou à répliquer à un polisson qui vous insultait dans le chemin, de marcher son chemin. Eh! races d'imbécilles, vous croyez la révolution finie! vous êtes étonnés qu'il y ait tant de suicides [1]! Ce jugement, disons-nous, est rendu sur rien, et ruine les deux parties par les frais payés et à payer.

Or, est-ce là un gouvernement social?

Comment, races d'hommes que vous êtes! vous ne voulez pas voir que la *forme sociale* présente n'est fondée sur aucun principe? que la forme symbolique antique, avec les richesses générales et particulières qu'elle comportait, ayant été *renversée* par une *autre idée sur Dieu et le monde* (l'idée judaïco-chrétienne), nue, abstraite, vide, qui ne comporte aucune industrie, et la société étant pourtant revenue à l'industrie, au matériel de son antique croyance, sans que ceux qui la gouvernent aient abandonné pour cela cette idée *nue*, le matériel de la société présente, c'est le matériel de l'ancienne société grecque, *moins son culte et sa foi*, c'est-à-dire quelque chose de si monstrueux qu'on ne peut le définir!

Mais, misérables! les nations ne peuvent pas plus vivre sans foi, sans croyance dans ce qu'elles font, qu'un homme ne pourrait travailler, dans sa maison ou ailleurs, à son champ, son industrie ou à ses affaires, s'il n'avait la pensée que sa terre va lui rapporter une récolte, son industrie des bénéfices ou ses affaires des avantages, pour le faire vivre avec sa famille!

[1] N'est-ce pas là la loi mathématique, la fatalité d'action, l'athéisme, que cette race européenne moderne, que cette caste ténébreuse prend pour la loi du monde, le principe fondamental des codes et des empires!

Voyez donc dans la rue ou le train des affaires, la figure de l'homme qui travaille sans *but* ou qui voit ou sent que son travail ne lui rapportera rien (argent ou gloire), comme elle est altérée et malade ! Or, cela pourtant, ce n'est que pour un moment ! Et vous voulez qu'une société qui est en masse, moins quelques-uns seulement favorisés pour un moment par le sort (car il faut dire aussi que là tout est réglé sur le sort), et quelques fripons volant sans recevoir de châtiment, et vous voulez, dis-je, qu'une société qui est toujours dans cet état puisse vivre ! Mais que dis-je, vivre ! et parce qu'elle ne meurt pas tout entière et tout d'une fois, vous n'appelez pas cela la mort ! Et parce qu'une maladie sans remède, pour tuer son malade, emploie plusieurs jours à l'affaiblir et à l'alanguir, vous ne l'appelez pas la mort !

Voyez quelles angoisses, quels déchiremens intérieurs il faut qu'il y ait pour voir toutes ces plaintes, ces procès scandaleux d'individus qui, parce qu'ils vous auront rendu quelques services, *opéré de la pierre* ou autre infirmité, veulent vous enlever toute votre fortune et vous mettre sans pain ; et cela encore, lorsque de leur opération il en est résulté la mort ! Tous ces assassinats atroces, surtout ces nombreux et calamiteux *suicides*, où il y a aussi de l'assassinat par les raffinemens de barbarie avec lesquels ils sont faits ! Ces vols, oui ces vols de propriétaires contre leurs locataires ! Combien y en a-t-il de commis par an dans Paris ? Si vous le saviez vous en seriez effrayé ! Ah ! s'il y a des locataires sans bonne foi, des intrigans courant de terme en terme à nouvelle rue ou quartier, et toujours avec la pensée de faire disparaître leurs meubles avant paiement et de voler leurs propriétaires, combien n'y a-t-il pas de misérables chez ceux-ci, qui, soit dans les temps de révolution et de troubles, lorsque les loyers ont *notoirement beaucoup diminué*, par la *ruine*, la *fuite* ou la *mort* d'une partie des habitans, vous promettent une diminution, vous en font une sur votre loyer annuel, vous promettent de remettre ou vous font remise *en paroles* d'un ou de quelques termes, mais toujours tout cela sans vouloir rien changer au bail; que ce n'est pas la peine de le faire, vous en expédier des quittances; et puis qui vous font demander un beau matin par leur portier tout ce dont vous vous croyez quittes, comme diminué ou remis, c'est-à-dire qui vous *volent* ouvertement. Mais comme ces remises de leur part, qui sont *très-réelles* et *vivantes*, n'ont pas été revêtues de la forme *abstraite* et *nue* de l'écrivaillerie du bail ou de la quittance[1], ils vous volent en toute sûreté devant les tribunaux, qui, eux, ne connaissent, comme on vient de le dire, que cette écrivaillerie! Ah! que de vols ont été commis de cette manière à Paris, après la révolution de Juillet! Soit pour les boutiques et magasins, en attirant un locataire aisé dans leur maison, qui se propose et qui va en effet y faire les plus grands changemens en

---

[1] Et cela parce qu'ils sont les maîtres, qu'ils ont vos meubles dans les mains.

mieux, souvent y dépenser trente ou soixante mille francs, quelquefois bien davantage; et puis qui, au moyen d'une *clause captieuse, introduite comme furtivement dans le bail :* par exemple, de déguerpissement sans sommation ou forme judiciaire autre que le retard d'un seul jour dans le paiement du terme, vous chassent impitoyablement et déloyalement un honnête marchand, qui a compté sur un long bail et la bonne exposition du lieu, pour se récupérer de ses avances et gagner, et qui se voit mis à la porte, laissant là sa fortune en *lambris, plafonds, peintures, glaces et décors,* embellissemens qui donnent deux ou trois mille francs par an peut-être de loyer de plus, à un fripon qui en rit. Et puis vous voulez, parce que vous aurez perdu ou que l'on vous aura ainsi volé toute votre fortune dans des actes *très-réels,* mais que vous n'appelez, vous, que *d'intérieur* de la *vie,* vous voulez que cette action soit *insignifiante* pour celui qui la souffre, et qu'il se contente d'un : *C'est malheureux,* que vous disent ordinairement, en en doutant encore, vos magistrats, quand vous allez vous plaindre à eux, et que vous n'avez pas le bonheur qu'on vous ait volé ou préjudicié en leur présence dans l'exercice de leurs fonctions! Ce qui n'arrive jamais, concentrés qu'ils sont **en** dehors de l'action *vivante* et *agissante* de la population, ou *guindés* à jour et heure fixes sur des siéges d'orgueil! Au lieu d'une autorité, *une par en haut, multiple par en bas, et répandue dans toutes les rues et groupes de la population, hiérarchisée dans des échelles immédiates, bifurquées* *comme les travaux et occupations des hommes*, et qui *montrent* au fonctionnaire rendant la justice aux habitans, *d'un côté*, toutes les preuves de l'action ou de la promesse, puisque tous les témoins verbaux sont là autour de lui, portiers, femmes, petits enfans, domestiques, ouvriers, etc., et que la chose vient de se passer ; de l'autre, que sa sentence ou sa décision va, si l'une ou l'autre des parties le veut, être déférée au contrôle d'*un supérieur*, qui est là, pas loin aussi, une heure, ou peut-être un jour tout au plus après qu'il l'aura rendue, et qu'il sera censuré ou châtié lui-même s'il ne la rend pas avec soin ou équité.

Nous venons de parler de ces propriétaires déloyaux. A une certaine époque depuis la révolution de Juillet, où beaucoup moins d'individus étaient ralliés au gouvernement qu'aujourd'hui, et où par là il était plus faible, l'action de ces misérables s'est même tellement fait sentir, a tellement pesé sur lui, au moyen du service comme gardes nationaux, qu'ils le menaçaient de ne plus faire s'il ne faisait de son côté pour eux, qu'ils étaient parvenus à obtenir d'un juriste-garde-des-sceaux, cette très-expéditive législation en matière de baux, paiement de loyers, déguerpissemens de lieux, contre les locataires, attribuant le jugement de tout cela, en dernier ressort, aux juges de paix ! Et sans quelques hommes plus prudens et clairvoyans à la Cour de cassation, les gentillesses de ces très-nouveaux, très-*récens* possesseurs d'immeubles, seraient converties en lois depuis plus de deux ans !

C'est par une suite de cette abstraction, de cette idéologie vide transformée en principes, que la possession *mentale d'immeubles* ou *de choses*, a été établie, et que vous voyez souvent des individus venir vous réclamer ou prétendre vous enlever des biens sur lesquels vous êtes, vous, et que vous *remuez* et *façonnez* depuis long-temps tous les jours, sur lesquels, eux, ils n'ont pas mis le *pied*, ni *personne pour eux*, depuis des siècles !

La division semée dans cette troupe en famille de *Bédouins arabes*, jouant à la Porte-Saint-Martin, dès aussitôt qu'ils ont eu séjourné une semaine à Paris, sous prétexte que quelques-uns seulement, faisant les grands *tours de force*, devaient avoir toute la *recette*; quand il était clair et matériel que, sans le groupe prétendu incapable, au jugement de cette caste anarchique et individualiste, les pervertissant, qui était composé de ceux qui, seuls, pouvaient donner et donnaient en effet la règle du jeu et la pensée morale de conduite, à ces quatre autres ignorans qui exécutaient ensuite. Ah ! celui qui écrit ici ces lignes, quand il vit ces huit hommes, divisées déjà ainsi en deux camps et se haïssant, dans une salle à chicane, et comme perdus sous des flots de sophistes ignorans, il en versa des larmes d'indignation !

C'est ainsi que faisait cette anarchique et sophistique populace romaine, sous la république et les empereurs, envers les étrangers qui, amenés à Rome, ou comme prisonniers de guerre, ou y attirés dans l'idée d'y gagner leur vie; elle les pervertissait en huit jours. *Jugurtha*, du pays même de ces Bédouins, et roi de la *Numidie*, mandé et sommé par cette populace souveraine de Rome, de s'y rendre sans délai, pour comparaître devant le sénat et y rendre compte de sa conduite, dans l'unité politique monarchique qu'il venait de rétablir en *Numidie*, ne craint pas de s'y rendre; parce qu'il sait que les autorités comme la population, en immense majorité composées de fripons, il en fera ce qu'il voudra pour de l'argent; et il ne se trompait pas. Ville à vendre ! dit-il en sortant de Rome; il ne lui manque qu'un acheteur !

Les chemins de fer ! Ah ! il ne manquait que cela à la populace romaine ! Aujourd'hui pour celle-ci c'est une folie. Quand elle aura des chemins de fer, disent quelques-uns, il ne lui manquera plus rien ! Ce ne sont pas des porteurs de perche, quelques traceurs de lignes qui changeront les *vices* de la société. Car, avant de tracer des lignes et de faire de la géodésie, il faudrait avoir une pensée *à priori sur Dieu et le monde*, c'est-à dire sur la position, la situation des points de départ et d'arrivée, la direction de ces lignes, eu égard à la vraie nature des lieux et contrées qu'elles doivent traverser, c'est-à-dire plonger beaucoup plus profondément qu'eux dans *l'essence* des choses. Les chemins de fer, hors comme *bouts de chemin* pour desservir une *mine*, ou faire jonction immédiate de deux grandes ou plusieurs villes très-rapprochées, et desservis de manière à ce que la famille tout entière puisse s'en servir, peuvent être admis ; mais en dehors de cela , et *conçus du point de vue politique*, ils sont des élémens d'anarchie. En effet , il n'y a pas de société sans la famille, et allez chercher ou maintenir la famille dans un empire où toute la population, individus, femmes , filles , hommes , continuellement comme *en-l'air*, pêle-mêle , genoux à genoux, bouche contre bouche, pour ainsi dire, et souvent sans presque de vêtemens, comme cela a lieu et ne peut qu'avoir lieu dans ces *voitures et wagons*, et puis vous verrez si vous y en maintiendrez une !

Voyez-vous ces femmes , ces hommes, ces filles , folâtrant en descendant au but ou au lieu d'arrêt, et en entre-acceptant ou prenant la main de celui-ci ou de celle-là, courant et sautant pêle-mêle dans les escaliers , salles ou chambres des hôtelleries , et se jetant d'autant plus *voluptueusement* sur les siéges , divans, lits de repos , qu'on a fait en moins de temps un plus long trajet, et que l'on a reçu plus d'œillades en route ! Et puis des nations , quand elles ne sont pas ténébreuses et impies , ne se créaient pas de besoins pour des choses qui pourraient leur manquer, même dans le *lointain* des siècles ! Or, quel sage assurerait, que si demain toutes les routes présentes de l'Europe étaient transformées en chemins de *fer*, qu'on trouvera constamment et *à toujours* de la mine exploitable de fer pour entretenir tout cela ? Et si un beau jour le fer manquait, ou qu'il devînt tellement rare et cher que les transports ne pussent plus défrayer les propriétaires ou actionnaires ! Ah ! c'est cela ! en reprenant la voiture ordinaire ou le cheval, on verrait ces anciens chemins, avec leurs restes de *railles* arrivées à l'état de *rouille*, comme ces vieux monumens des empires éteints ! Seulement, à la différence de ceux-ci, qui sont là depuis des mille ans, ceux des chemins de fer, il y en aurait pour quelques années.

—

Tout est fondé sur le sort, la fatalité, ou la loi mathématique qui est aussi la fatalité. La conscription, cette immense dette de la population envers l'Etat, est toute bâtie sur le hasard, qui peut tomber et tombe à tout moment sur une ou quelques familles dans chaque endroit, et les accable en leur enlevant tous leurs membres valides, ou les ruine pour s'en racheter. Ils l'ont bien senti ensuite, et pour y parer, ils ont introduit un certain nombre d'exemptions ; mais ces exceptions, qui ne font que décharger un peu les familles trop maltraitées, ne font pas que celles qui ont été tout-à-fait épargnées ou trop favorisées, reviennent à compte et paient un peu de la dette commune.

C'est pourtant sur un aussi ténébreux, criminel et impie principe, que ces gouvernemens allemands, extra-prussiens, ont bâti en grande partie les mutations ou transmissions de la propriété des immeubles d'une main dans l'autre.

Le fermier *Ernest S....*, près Gotha, vient de gagner la seigneurie de Grosdiskan, sous le numéro

167035, de la valeur de plus de deux millions cinq cent mille florins de Vienne, vous répètent tous les journaux du 2 et du 3 octobre dernier. Plusieurs fois depuis pour pareilles choses de même.

Ainsi, voilà un fermier, un simple individu, peut-être sans aucune *éducation*, qui passe en une *heure* de temps, de l'état infime de sujet gouverné, à l'état politique de gouvernant, et qui va, qui plus est, devenir *propriétaire* d'hommes ! Et une faction de grossiers et vils soldats, s'étant emparée de la superficie de cette contrée de la terre, dans le moyen-âge, par la profonde stupidité du dogme religieux chrétien, l'absence absolue au lieu de l'idée *trinitaire clef de voûte*, de la pensée *sattwatique* ou lumineuse, qui aurait réprimé et guidé cette soldatesque pour son *sacerdoce* compréhensif; et une faction d'être grossiers, disons-nous, devenus des sybarites corrompus et astucieux depuis les richesses industrielles des temps modernes, donnerait des *leçons* et des *règles sociales de gouvernement* à la France ! Des brigands spoliateurs, qui, en Hongrie et dans tout l'Orient et le Midi de l'Europe, se sont emparés des richesses du monde, qui luttent, d'un côté, contre *l'unité* souveraine de l'empereur d'Autriche, voulant y *alléger* leur tyrannie au profit des populations, et de l'autre, qui oppriment celles-ci et les insultent dans la personne de leurs représentans, auxquels ces misérables fermaient, il y a encore à peine quelques mois, la porte au nez de la salle des Etats à *Pest*, ou se *posaient* grossièrement et ignoblement devant eux dans cette salle, pour leur *déchirer* les *os des jambes* avec leurs éperons ! (historique).

Ces époux Maës [1], qui viennent d'être si tragiquement assassinés et incendiés. Si on voulait se donner la peine de faire quelques recherches là-dessus, on trouverait bientôt que, malgré toutes les déclarations et sophistications rationalistes des légistes, sur le *droit* de propriété, que ce droit ne pourrait se soutenir devant la conscience humaine, s'il n'était fondé et établi que sur quelques *abstractions artificielles en l'air*, converties en principes dans quelques articles de codes.

Voyez ! deux individus qui, propriétaires en Belgique et en France, d'immeubles embrassant des arrondissemens et presque des départemens en superficie, dans les *caves* et *murailles* d'habitation desquels on ne cesse, pendant plus de deux mois, après leur mort, de trouver des sacs d'argent et d'or; qui tiennent pendant leur existence la vie la plus cupide et la plus basse. Un homme qui épouse sa bonne, et une femme grossière au dernier degré, qui ne parle à ses domestiques que pour leur dire des injures. « Que le diable vous emporte ! » dit la femme Maës à son domestique-confrère Pétrus. « Je voudrais que la maison me tombât sur le dos ; je voudrais que la maison m'écrasât, » dit-elle à tout propos et pour la plus petite chose; qui se *soûle* souvent, etc. (historique. Voir les débats de la Cour d'assises, dans l'accusation contre ses valets).

[1] Nous ne citons que ce fait, mais il y en a bien d'autres.

Une femme qui n'a que des *morts de faim* pour parens, et qui emploie tous les moyens imaginables pour entraîner cet *être bas*, son mari, à lui passer et à passer en toute propriété tous ses biens à sa propre famille ; qui est stupide elle-même au plus haut point. Or cette femme, la *personne*, le *moi intérieur* de ces gens, ces *existences*, ne juraient-elles donc pas dans tout avec de grands biens ! Pour qu'une grande fortune subsiste dans de telles mains, la conscience universelle les leur déniant sans cesse, ne faut-il donc pas, d'un autre côté, *l'action incessante* des abstractions en-l'air des juristes ? C'est-à-dire ce fatras législatif, tout artificiel et de fabrique humaine, qu'ils ne cessent de produire depuis des siècles ? Et des peuples n'entendant que des écrivailleurs ignorans, sont étonnés que cette contrée de la terre soit toujours en révolution ou en tumulte !

Après l'instruction et les débats à la Cour d'assises, contre les domestiques de ces gens, il est resté bien du doute sur les auteurs ou l'auteur de cet assassinat. Et il se pourrait très-bien que ces *bas gens*, qui ont tout fait toute leur vie pour avoir de l'or, par quelque action de noire ingratitude ou d'égoïsme *impie*, commise par eux envers quelqu'un qu'ils savaient être dans un grand besoin, que celui-ci ne les eût immolés par vengeance ; alors, n'ayant vécu que pour *l'or*, ils auraient péri par l'or, fin bien digne du siècle ! Quoi qu'il en soit, au surplus, de l'innocence du valet Logerot, était-ce donc pour aller, de la part du président de la Cour d'assises, jusqu'à donner à cet accusé, simplement acquitté par une réponse négative du jury, un brevet de délicatesse et d'honneur, en lui disant : « Allez, Logerot, vous êtes un homme d'honneur, un honnête homme comme auparavant, étant présumé innocent. »

Mais, d'un autre côté, si c'est comme cela ! quelle espèce de gens très-riches avez-vous donc dans cette société? Il y en a de toutes les origines. Quelle est dès-lors votre aristocratie? Des gamins chez beaucoup, et des misérables de la plus grande immoralité chez d'autres, et qui étaient encore *sans pain il y a deux jours!* D'ailleurs, comment en serait-il autrement? N'y a-t-il pas un certain nombre de *locaux* à Paris et dans quelques grandes villes de province, boutiques, établissemens, cafés, restaurans, etc., où le marchand, où l'homme qui achète le fond et s'y établit, fait *infailliblement fortune* en quatre, six ou dix ans, et une fortune colossale! se retire avec des dix, vingt, trente, quarante et cinquante mille francs de rente ! Or, allez au fond des choses, et voyez quels sont ces gens-là ! des hommes sans éducation première, des domestiques, et le plus souvent des hobereaux sans aucune dignité, par la bassesse dans laquelle ils ont été élevés, et qui n'en sont même que plus propres *à vendre*, cette habileté ne demandant, comme l'ont si bien dit les grands écrivains de tous les siècles, surtout les législateurs et hommes d'État de l'Asie orientale, que des habitudes sédentaires et le regard attentionné des *yeux physiques*, c'est-à-dire du *chat* [1]

[1] Cette expression non prise ici en mauvaise part.

sur toutes les choses et mouvemens qui vous entourent, à la différence de l'homme supérieur, qui ne touche et ne peut toucher les choses que par *leurs rapports*. Mais ces hommes-là, une fois en *calèche*, que la faction *éclectique*, déloyale et athée appelle la *classe supérieure*, comprennent-ils les *lois du monde*, l'*ordre universel*, pour composer une véritable aristocratie! pour savoir se conduire avec de nombreux fermiers, de nombreux ouvriers, des populations tout entières, qui, par ces grandes possessions du sol ou de fortune, se trouvent tous alors avoir besoin d'eux et *dépendre* d'eux! Des *hommes ayant reçu cinquante mille fois un sou ou deux* du public, *pour leur peine*, et *salué très-respectueusement de remerciment*, formeraient une véritable aristocratie! Et pourtant, *caste* éclectique et perverse! pour quiconque connaît la marche des choses et le mouvement des populations, en moins de vingt ans de temps dans un empire, il ne se trouve presque plus y avoir d'aristocratie que des possesseurs de châteaux et de grands capitaux, dont l'origine est tout aussi basse! moins seulement quelques familles dignes et supérieures, par la pureté des mœurs conservées dans leur intérieur, et ayant échappé aux vicissitudes du temps.

Cette caste éclectique odieuse, car elle l'est, étant la seule de toutes les factions qui se disputent le pouvoir dans la société, qui trouve ce renversement de toutes les lois universelles naturel, et veuille le *systématiser*, en fait autant en fait de justice dans l'ordre politique.

En effet, voyez! c'est elle qui a fondé depuis quatre ans, cette justice politique avocassière, judicaturière [1], devant laquelle vous avez vu traîner presque des populations (il y avait cent trente-un accusés sur la sellette, affaire de Lyon, devant la Cour des pairs), formaliste, pendant les débats de laquelle des passions s'exaltent et remuent la société, ou des espérances d'absolution s'établissent, et puis qui, *déçues* par le résultat des arrêts, en conservent mille fois plus de haine et de ressentiment contre le pouvoir (surtout contre le *prince*, que fort peu d'intelligences sont assez pénétrantes pour voir et sentir qu'il n'est nullement libre, et que c'est cette faction de rhéteurs sans profondeur ni moralité, qui le guide et le compromet), que si le pouvoir avait fait comme ont fait et font les pouvoirs dans tous les empires et lieux de la terre, c'est-à-dire ou qu'il se fût borné à renfermer les accusés sans jugement comme vaincus, ou que, dans la chaleur du combat et en les prenant, il les eût passés par les armes.

Mais non, la caste rhéteuse et athée qui mène cela, étant trop lâche, et craignant trop le *retour en force* de ses adversaires, pour les immoler bravement comme vaincus sur le champ de bataille, et voulant pourtant *avoir leur sang*, veut toujours se *défaire d'eux à coups d'arrêts;* croyant par cette forme donner le change, d'abord, à cette masse dans la popula-

---

[1] Elle en fit autant de 1816 à 1822, où elle eut voix dans les conseils.

tion toujours indifférente à ce que l'on doit faire, ensuite, à la conscience de tous ceux qui, dans la société,
sentent ou partagent les principes des vaincus ou des
accusés, et qui pourraient penser que, puisqu'il
y a eu arrêt, leur exécution est juste ; or c'est précisément tout le contraire. Mais cette faction n'a jamais
rien compris aux mobiles fondamentaux du cœur humain ! C'est elle qui fut l'auteur de tous ces forfaits *à
froid* sous les empereurs romains ; car l'empire ne fut
alternativement, pendant les quatre cents ans de sa
durée, ou que dans les mains de cette pensée *vide* et
athée, ou que dans la pensée militaire. La première
tuait en déchirant, et toujours chaque fois pendant
tout son règne, *à coups d'arrêts du sénat* et de *jugemens des préteurs ;* la seconde, une fois seulement, et
furieusement, en montant sur le trône, mais s'en re-
pentant après. C'est ce qui eut lieu à l'avènement de
plusieurs empereurs ; alors ceux-ci, comme elle était,
en général, à Rome même, et dans toutes les posi-
tions et places où l'on pouvait voler l'empire et le vo-
lait, ils en passaient le plus qu'ils pouvaient par les
armes en y entrant avec leurs soldats. La différence
seulement qu'il y a à remarquer entre ces deux nuances ou *pensées* politiques, c'est que la faction militaire
peut bien être *lourde* sur un peuple, l'opprimer dans
quelques contrées de son territoire, et gêner le casement des individus selon les divisions du travail établies et le mouvement des vocations, mais cela, sans
mauvaise foi de sa part et par pure étroitesse de vues ;
tandis que la pensée *éclectique,* par sa connaissance

de la marche, de la logique et de la portée des idées, son abstraction vide, ses écarts arbitraires, ses mouvemens basculatoires, toujours astucieux et quelquefois si infâmes, elle pervertissait et pervertit toujours les populations, anarchise les intelligences et ulcère les cœurs, faisait et fait de cette terre une vallée de misères, un champ de désespoirs et de suicides, un chaos exécrable et infernal, où les bons étaient et sont partout honnis et spoliés, où les méchans et les pervers fleurissaient et fleurissent seuls.

Mais on ne voyait malheureusement jamais, dans cette société mal établie, *surgir* au pouvoir la *pensée trinitaire clef de voûte*, c'est-à-dire *brahmanique* ou *mandarine-politique* [1]; parce que le mobilier humain, surtout depuis la *conquête* des nations méridionales par la république, nations qui, abruties alors par cette pensée très-relativement barbare du *Tibre*, et qui n'envoient plus par cette raison vers l'Italie, ces *brillans jets de lumière* comme autrefois; parce que le mobilier humain, dis-je, le matériel de la société, est constitué là comme dans la société présente, entièrement sur des principes abstraits et faux, et que tous ceux qui, nés avec un germe quelconque de savoir,

[1] Vice-rois, gouverneurs et autres fonctionnaires, ayant l'action directe générale sur les populations, qui sont de véritables *prêtres*, aussi bien en Chine et au Japon que dans les Indes. A la différence de tous les autres mandarins du tapis jaune, des conseils, des bureaux, et des tribunaux des lettres proprement dites, qui ne sont que des théologiens, des hommes de recherches, d'analyse et d'administration intérieure.

auraient pu la sauver ou l'en arracher, ne *suçant d'autre lait dans les écoles et la famille*, que cette *peste* idéologique abstraite du jour, ils ne pouvaient pas. C'était donc une immense cohue anarchique, abstraite et analytique que la société romaine! C'est pour cela que l'idée judaïco-galiléenne en triompha à la longue.

Dites-nous quelle idée religieuse, quelqu'ignorante et vicieuse qu'elle fût, ne finirait par triompher dans une société enseignée dans les écoles et conduite dans la vie virile par le *Courrier-Français!* Y a-t-il dans le monde quelque chose de plus étroit, de plus ignorant de la nature des choses, que ce parti dogmatiseur et éternellement criard, sans jamais savoir ce qu'il veut!

Pour la faction du *National*, c'est autre chose : c'est le gouvernement militaire avec quelques avantages dans la guerre, si une société devait être constituée *à priori* en vue seule de la guerre ; mais avec des vices monstrueux et nombreux. Le parti du *National* n'a *rien* au fond de ses doctrines ; c'est la démocratie universelle et la philanthropie en présence des autres partis, tant qu'il aurait ceux-ci à vaincre ; mais cela, comme charlatanisme sur le peuple et pour avoir ses bataillons, car, dès le lendemain, par son ignorance des lois du monde, de la nature des choses, de la véritable nature de l'ame universelle et humaine, vous le verriez faire du despotisme, constituer dans chaque localité un *groupe* de prétendues supériorités *dignes*, qui ne seraient que des suffisans, et ayant

pour seule religion ce qu'ils appellent l'*estime*, c'est-
à-dire, ce sentiment rationnel, vague et abstrait, que
vous voyez chez eux, et qui n'est autre que l'*orgueil* ;
et pour *culte*, qu'un *serrement de main bref et énergique, en se regardant fixement*. Ne se mariant pas
en général, et vivant avec des femmes ramassées dans
tous les rangs de la société, selon le goût individuel
d'un chacun, sans observance en cela des conve-
nances générales ; sauf à ne pas les présenter et montrer à l'église de *la secte*, si le goût se trouvait par
trop singulier ou bizarre. Ensuite, les ruptures ou
changemens de ces femmes maîtresses, se faisant,
de leur part, sans bruit extérieur ni scandale, moins
toutefois chez eux par conscience de l'ordre universel, que par action *déprimante* de leur individu ;
mais portant cette indifférence religieuse et des formes du mariage de chez eux, dans *toute* la population ; et arrivant, en moins d'une demi-génération, à
établir une telle confusion, un tel désordre dans
l'état de la famille et des individus, que si la paix
existait dans le moment et pour *éviter* la *guerre civile*, il serait obligé de soulever bien vite quelque
difficulté, de chercher des *poux à la tête* à quelque
nation étrangère, pour y lancer, non le trop plein
de la population qui n'aurait pas de trop plein ; mais
la partie vitale et énergique, et par là donner le change
à l'autre, sans quoi elle s'insurgerait contre lui, et
étranglerait une partie de ses membres. Bref, ce parti,
guindé sur *le rationalisme et l'orgueil*, qu'il prend
pour des règles fondamentales de politique, n'ayant

d'autre idée sur le monde qu'un *mentalisme confus, sans délimitation*, n'a aucune idée de la vie universelle et particulière, du *symbole*, du *varié,* et du *multiple* harmonique et *un*, qui a pour mobile ou *loi, l'amour*, et dans lequel les occupations des hommes sont leurs vocations; où seul enfin chacun se case et se remue librement, sans toucher ou froisser le droit d'autrui, ni troubler la société.

Raisonnant ensuite sur le parti *éclectique* et ce dernier parti, on dirait, si on avait à les comparer, que la faction du *National*, du point de vue gouvernemental, n'étant réellement composée que de *Kchatryas*[1], d'hommes beaucoup plus passionnés que larges, ces hommes, comme gouvernans, ce serait le despotisme *militaire, soldat* ou des *traîneurs de sabres*, et rien que cela, malgré ce que son organe a pu écrire lui-même il y a quelques années sur les *traîneurs* de sabres; mais que, comme il y a du *cœur* chez ces hommes, il y a des vertus cachées, et que, subordonnés et guidés par la pensée lumineuse ou *sattwatique*, il y en aurait beaucoup.

Mais que la faction éclectique, c'est tout ce qu'il y a de plus *odieux* et de plus *pervers* sur la terre; qu'en parlant de cette *peste*, on ne sait de quels termes se servir. C'est là le jugement que l'on peut et que l'on en doit porter. En effet, aucun individu sur la terre, nous l'avons prouvé, ne travaille et ne peut travailler sans *foi* dans ce qu'il fait : les ouvriers, les

[1] Mot de la langue sanscrite qui veut dire *hommes passionnés*.

marchands de tous les états, les laboureurs, les hommes des professions libérales. Tous enfin ont *foi* dans
ce qu'ils font ou ne font *rien de bon*, ou *s'asbtiennent*
tout-à-fait. Et ceux qui ne le font pas, qui ont foi en
quelque chose, mais dont la foi est mobile, vous les
voyez dans tous les états, professions et métiers,
changer d'emploi, d'occupation ou de travail, et par
là n'arriver jamais à rien ; parce que, c'est un *axiome*
vieux comme le monde, que quiconque manque de
persévérance et passe d'une entreprise à une autre,
n'arrive pas à bien. Or, tirez la conclusion pour la
faction dite doctrinaire, la faction *éclectique !* Voyez
cette caste d'êtres ! sans occupations dans l'industrie:
elle n'y pourrait rien faire, n'ayant foi dans rien ; et
puis, d'ailleurs, étant trop orgueilleuse pour se faire
industrielle ; visant constamment à s'emparer du pouvoir, non pour gouverner la société, car pour le faire,
il faut avoir des principes, mais pour transformer
l'action politique en une grande *entreprise,* avoir les
impôts et les taxes, c'est-à-dire le budget à piller ; et
cela, et une fois là, peu importe après quelle *idée* ait
chance et arrivée aux affaires, elle la prendra, la laissera le lendemain pour reprendre la première, si elle
paraît refaire fortune dans l'opinion ; la laissera de
nouveau pour en accepter une troisième, une qua-
trième ; toutes celles enfin, y en eût-il mille, qui pas-
seront dans l'esprit, ou à l'aide desquelles des partis
ou des nuances dans la société, deviendront prépon-
dérans ! Et cela, parce que la grande agence, le budget, *la vache à lait,* y est attachée ! Or, quelle qua-

lification donner à un parti qui agit ainsi? Il n'y en a pas d'autres que celle..... que les lecteurs lui donneront! La faction éclectique est donc bien et duement un parti de pervers, et de pervers mille fois plus criminels et plus dangereux, que les voleurs qui sont dans les bagnes et les prisons !

Aussi, ces impies, ne recherchent-ils et ne veulent-ils jamais que le pouvoir ou le prince, pour les faveurs ou récompenses, recherche chez les individus riches l'origine de leur fortune, et comment ils peuvent l'avoir acquise; d'où elle leur serait venue. Parce qu'ils sentent tout de suite la conséquence se retourner contre eux, et tendre à les faire examiner eux-mêmes. C'est pour cela qu'ils sont *impitoyables* pour les *pauvres*. Dans leur système d'éducation, s'ils avaient eu plus de prépondérance dans les conseils qu'ils n'en ont eu jusqu'ici, et qu'ils eussent osé, c'est là où vous auriez vu leur cynisme ! On voit bien ce qu'ils voudraient là-dessus : ce serait un système qui, par les conditions de *tenue*, de *trousseaux*, *d'uniformes* et de *pensions* à payer par les enfans, enlèverait à presque tous les pères de famille, la possibilité de pouvoir faire suivre par les leurs les enseignemens de deuxième degré et les universités, hors à un petit nombre d'individus riches, et exclusivement riches (on ne dit pas de familles, elle ne connaît que des individus !). Ainsi, un protecteur, un conseiller municipal, ou autre, viendrait dire à un des *prêtres* de cet *athéisme* : C'est dommage que l'on ne puisse pas admettre le fils d'un tel : voyez cet enfant ! comme il est gentil, comme il est sage, circonspect, docile, distingué! oui, tout extrêmement jeune que vous le voyez, il a de la retenue, de la candeur; c'est vraiment un enfant accompli. Quoique son père soit pauvre, comme il est très-honnête, ainsi que sa femme et tous les siens, ne pourrait-on pas faire plier la règle et l'admettre? Non, cela ne se peut pas. Pour celui-ci, est-ce qu'on peut l'admettre? Outre qu'il est, comme vous voyez, une espèce de petit monstre, il n'entend rien, ne comprend rien; et de plus, il est brutal, féroce avec les autres enfans, et insolent avec les grandes personnes. C'est égal, dit le *sacerdote* de *l'athéisme*, son père a de la fortune, tient un rang dans le monde : il donnait un bal mercredi dernier; j'y étais; tout ce qu'il y a de gens comme il faut y étaient : c'est pour les enfans de ces gens-là que les hautes écoles sont établies. Et pardieu! répond le marguillier, l'homme honorable dont la fortune est ancienne, dont l'aisance actuelle s'est faite sans *soubresauts*, graduellement, et comme la marche des choses dans la nature. Le père de cet enfant est un ancien épicier, un marchand brusquement enrichi, un brocanteur, un meneur de choses et d'entreprises aventureuses, un vieil usurier, rançonneur des pauvres, auxquels seuls il prêtait par la possibilité, vu leur ignorance et défaut d'appui, de les piller davantage, il y a deux jours qu'il courait encore les rues sans pain. Cette grande fortune date d'hier : c'est et ç'a toujours été un *tricheur* dans les affaires, un homme sans foi, qui n'est peut-être jamais entré dans une église : en vérité, lui et sa femme étaient des montres comme cet enfant ! Encore une fois, vous n'y comprenez rien, dit *l'athée rhéteur*, tout est lié dans les choses de la société. Il n'y a pas de politique de sentiment. Tout est froid et doit être envisagé froidement dans le gouvernement d'une nation. Que feriez-vous de votre gentil enfant, comme vous l'appelez ? Son père n'a rien, et une fois instruit et grand, il lui faudra une place ; et les places appartiennent aux gens riches ! sauf les élèves sortant de telle école, qui, s'ils sont nés de pauvres gens, ont montré, dès leur entrée à l'école primaire, le *germe de cette sagacité métaphysique, de cette force logique, de cette habileté dans la méthode, qui les caractérisent, et qui en font des hommes accomplis, comme vous voyez par tels, tels qui en sont sortis.* Le fils de l'épicier peut avoir peut-être moins d'esprit naturel que lui, mais ce n'est pas ce que nous sommes en naissant qui fait l'homme : le *moi* alors n'est *rien* et n'*indique rien ;* c'est ce que l'*enseignement*, l'*instruction* nous fait. Voilà ! — L'homme de bien, à l'audition de tout cela, se retire silencieusement chez lui, *doutant vraiment* et se demandant, à part lui, s'il y a un Dieu dans le monde, tout ce qui est juste et bon lui paraissant si maltraité, auprès de ce qui est ténébreux et méchant.

Toutes les autres factions sont inconséquentes et anarchiques au dernier degré, mais pour celle-là, elle a systématisé l'anarchie même ; afin de gouverner le monde par elle, sachant bien que cette *voie* serait toujours la moins encombrée, les consciences, malgré les vices du siècle, organisées pour une aussi profonde perversité, ne pouvant jamais être nombreuses !

Quant à Alibaud, on écrivait ceci pendant qu'on instruisait son procès et qu'on le jugeait. Aujourd'hui, comme il a payé la peine de son crime, on en peut parler. Le seul journal qui ait vu un peu dans la situation, il faut le dire, et qui ait jusqu'au bout soutenu le *système vrai* de culpabilité générale de la société, à côté de la criminelle action d'Alibaud, est *le Temps*. Ce journal, outre qu'il est le premier qui, pour le fait en question, se repliant sur la nature du cœur humain, et apercevant qu'un pouvoir d'intimidation, comme règle politique, s'appliquant à tous, est une *démence*, a vu que la vraie politique de gouvernement dans ce cas-ci, si le roi était bien conseillé, était la miséricorde. Mais nous ajouterons, nous, que de ne l'avoir pas fait de la part de ceux qui ont entrée et voix sur les déterminations du prince, est un crime au premier chef !

Il ne s'était pas rétracté pendant l'instruction, avait injurié le roi devant la cour, dira-t-on ; mais, méchans ignorans que vous êtes ! vous supposeriez donc qu'un roi, que le roi peut être atteint par les dires d'un misérable, par un malheureux qui est la faiblesse même, puisqu'il est là entouré de gardes, chargé de chaînes, et qu'il serait libre que des forces en nombre innombrable le saisiraient et l'arrêteraient encore ! Vous êtes alors des hommes infiniment au-dessous de votre position.

« Le roi qui désire le bien de son ame doit pardon-
» ner sans cesse aux plaideurs, aux enfans, aux vieil-
» lards, aux malades, qui s'emportent contre lui en
» invectives. — Pardonne, roi, aux gens affligés qui
» t'injurient. Le roi qui pardonne est honoré pour
» cela dans le ciel; mais celui qui par orgueil de sa
» puissance conserve du ressentiment, va pour cette
» raison dans les enfers! dit le législateur des Hin-
» dous. » Livre 8, art. 312 et 313. Et ce légistateur-
là, il faut le croire, connaissait aussi bien le cœur
humain que les conseilleurs du jour! Ah! il n'est
que trop vrai, qu'à côté des factions dans la société,
il y a une nuance d'hommes parmi les gouvernans
qui, ayant été guindés comme d'un coup de dé, dans
une foule de places et fonctions qui, relativement à
eux, sont bien au-dessus de ce que jamais de pareils
hommes pouvaient espérer; et qui, sentant bien que
la conscience humaine les leur dénie, ces hommes,
en toutes circonstances, leur position fausse se présente à leur esprit, et alors, au lieu de parler au
nom de l'*autorité publique*, de cette pensée servant
d'*ame* au gouvernement, depuis le roi jusqu'au garde-
champêtre : que, un chacun, dans sa place, est là
pour défendre, protéger, enseigner, réprimer et conduire la société, pour *cela seul et rien que pour
cela*, et qu'il ne doit se mêler, par sous-entendu ou
exprès, *rien de personnel dans ce qu'il fait ou dit.*
Autrement la société qui est là aussi à son tour, et
qui vous écoute, peut vous juger; et si elle ne vous
retire pas la parole sur le coup, tôt ou tard elle vous

la retirera. Ainsi, par exemple, dans le cas présent, on s'est avisé, comme si l'atrocité de l'action d'Alibaud, du point de vue de la loi, ne lui méritait pas la mort, de jeter de l'odieux sur sa vie privée et antérieure, de le présenter comme un être immoral, un fainéant, un faiseur de dettes et de dupes, un escroc; quand, par l'ensemble et le rapprochement des actes de sa vie, s'il n'était pas sans bien des fautes, (quelques actes seulement blâmables au jugement de la conscience humaine, dans une société au dernier degré pervertie et immorale!) il n'y avait au moins aucun rapprochement possible à faire, aucune comparaison à établir sous ce seul rapport, entre lui et d'effrontés fripons, des misérables de toutes manières, qui marchent et mènent tranquillement leur vie de crimes, de turpitudes et d'infamies dans la société, et auxquels la société, ni même beaucoup de ceux qui se disent la gouverner, ne disent rien; que l'un et l'autre même choient et traitent en hommes de bien!

N'y avait-il pas assez de l'action de l'accusé, de cet assassinat prémédité du coupable sur la personne sacrée et divine du chef de l'empire, pour obtenir son supplice? quand la plus simple tentative d'assassinat sur le dernier des hommes, est, non-seulement punie de mort par les lois, mais dite mériter la mort par la conscience universelle, qui, en cela, est au moins en parfaite harmonie avec elle! Ne serait-ce pas qu'on aurait craint que le crime commis sans vue ni *espoir* d'argent, ne montrât chez son auteur une espèce de vertu, dans une société pillée aujourd'hui en général par le *vol*, et n'ayant presque plus de réprobation ni d'horreur que pour les voleurs! et qu'il fallait montrer Alibaud comme un voleur, pour que l'opinion (du moins cette grande fraction de la pensée publique qu'on sait ne pas avoir) approuvât la sentence! Ce ne peut être cela, puisque l'opinion condamne toujours à mort tout meurtrier. Il y a donc eu un mobile qui a fait agir comme on l'a fait!

Mais que dire, conseiller la clémence! Dans de hauts conseils, en présence de personnes *augustes*, avoir une opinion et savoir la défendre! Pour cela, il faut au moins, si on n'a pas de génie, avoir vécu soi-même depuis le berceau avec des personnes supérieures et très-élevées, et, si on n'y a pas vécu, avoir de l'élévation dans l'esprit! Et quels d'entre les hommes du jour sont à même de cela! Ne voit-on pas l'homme habitué à haranguer tous les jours la *populace*, briller devant la foule en lui parlant, et par là, souvent acquérir la réputation du plus grand génie, d'être un brillant et profond orateur, comme *Démosthènes* l'acquit par la canaille d'Athènes, et tous les démagogues des temps modernes! et n'être au fond qu'un bavard très-inférieur, incapable seulement d'ouvrir la bouche et proférer une phrase; comme cela lui arriva dans cette *ambassade* des Athéniens, lui sixième, auprès du père d'Alexandre! En effet, ce *rhéteur* de *Lagora*, une fois devant Philippe et son fils, et ce brillant et profond état-major que l'on voit quelques années plus tard accompagner Alexandre et lui *aider* à *conquérir et décrire* la *Perse* et *l'Inde*, à tout l'Occident, qui ne les connait presque jusqu'à aujourd'hui que par ~~eux~~ eux, rester coi !

En effet, ce démagogue d'Athènes, habitué à n'avoir devant les yeux que ces figures *blafardes*, ces regards *vitrés*, sans expression ou stupides, de la foule, et se trouvant là en face de ces *figures augustes et expressives*, de ces *regards lumineux et aux traits de feu* de Philippe et des siens, il tombe comme interdit et ne peut proférer un mot !

Quel serait celui de ces conseillers présens, qui, pensant que *Xercès* ne doit pas *envahir* la *Grèce*, lui tiendrait le langage, pourrait lui tenir le langage que vous voyez *Artabane* lui tenir pour l'en dissuader, et déployer les ressources d'esprit pour appuyer ce sentiment, que vous voyez Artabane déployer sans cesse à l'occasion devant le *prince* et son conseil ? Le même argument se tire de ce que fit des mille fois *Périclès* pendant son gouvernement d'Athènes. Quel serait celui des conseillers du jour, qui, présentant une bonne opinion, ou auquel une mauvaise est présentée, d'un côté, la soutiendrait avec toutes ces ressources imaginables d'esprit, ou la combattrait de même, comme on voit *Périclès* le faire, contre les rivaux de sa gloire ou les démagogues innombrables qui l'attaquaient de toutes parts et sans cesse !

Non, non ! des *démagogues* élevés aux grandes fonctions par une anarchie triomphante, outre, qu'arrivés au pouvoir, vous les avez toujours vus chercher à faire oublier leur origine et leurs antécédens, pour se montrer des gens bien nés, n'ont même, quand ils n'ont pas honteusement et tout de suite abandonné les principes qui les-y ont portés, jamais pu développer et soutenir au *tapis vert* ces principes !

Il naît sans doute, et il sort tous les jours des hommes des classes inférieures, ou plutôt il naît tous les jours des hommes de pauvres gens pour monter dans les hauts rangs, mais jamais l'histoire ni les contemporains ne vous ont montré comme étant supérieurs ceux qui commencèrent par être des *démagogues !*

A cet égard-là, il faut aborder une question qui *gît* là, sous toutes les choses grandes et petites en *Europe* et en *Amérique.* On y est poussé d'ailleurs, par ces réflexions du *National* d'aujourd'hui, 15 juillet, dans un article en réponse au *Journal des Débats : Question immense, colossale !* qui divisa l'*Asie* de la *Grèce*, dès aux temps de *Darius* et de *Miltiade,* et qui se *remue là encore, jusqu'à aujourd'hui, sous les différens partis qui se font la guerre en Europe !* question dont la solution pacifierait la terre, et dont le *mal-posé* ou la *mise à l'écart,* maintiendra éternellement l'état d'anarchie, de désordre et d'immoralité qui existent aujourd'hui. Voici ces réflexions du *National :*

« Mais dans la conscience publique, *Lacenaire* est un scélérat parvenu à ce comble d'immoralité que personne, pas même M. Martin (du Nord) ne soutiendrait avoir existé chez Alibaud, chez Louvel, chez Pépin ou Morey, ces victimes de Fieschi. Quant à ce Fieschi, qui a inspiré plus d'intérêt à certaines gens du pouvoir que ses co-accusés, c'est ajouter à sa dégradation que de lui refuser le titre d'assassin politique, etc. » Plus loin, dans le même article : « Ce *coupe-jarret*, lancé on ne sait comment par la police, au milieu de passions qu'il ne pouvait partager. » Et cela, dans la pensée du *National*, par opposition à Pépin et Morey, pour montrer l'immoralité profonde du premier auprès de ceux-ci. Or, c'est là, c'est dans ces passages que l'on peut saisir le fond, toute l'atrocité des erreurs de la faction républicaine abstraite.

Dès dans le temps du procès et de la condamnation de lui et de ses complices, on lisait dans ce journal (le 19 février 1836) :

« L'horreur même du crime ne nous avait pas arrêtés dans nos intercessions en faveur de *ce Fieschi même*, qui, dans le cours des débats, avait obtenu à un si haut degré l'intérêt de la Cour des pairs et si peu le nôtre. » Depuis, en maintes et maintes occasions, on a vu dans ses colonnes se reproduire la *haine* et le *fiel* dont la faction, *en Europe,* qu'il représente, est animée. Elle les a reproduits sous toutes les formes contre cet homme, et toujours contre lui seul, par opposition à Pépin et Morey, qui, dans son esprit, étaient et sont des *saints*. Or il faut aller au fond de cela, et montrer les *mobiles* de ce mépris de sa part contre un seul des auteurs de l'attentat du boulevard du Temple. Révéler aux esprits bien faits, et à toute la fraction, en Occident, des hommes vraiment gouvernementaux et sociaux, que cette *faction* immolerait, en exterminant et ruinant les deux cents millions d'hommes qui le peuplent, à les faire mourir de faim, s'ils persistent à se *taire ;* à laisser agir seuls les deux ou trois autres partis dans la société, qui *guident* celle-ci *si mal,* et qui, par ce mauvais gouvernement de leur part, font *précisément* se *reporter, en espérances et en idées,* une multitude d'individus vers la faction républicaine abstraite en question, la croyant dans le vrai; d'abord, parce qu'elle est la seule tout-à-fait en-dehors du pouvoir qui ait *un organe* quotidien, ce qui est beaucoup à l'oreille d'une foule de gens qui finissent toujours par croire en celui qui parle seul; et ensuite, par leur ignorance à tous des erreurs atroces contenues dans les principes de cette faction, et les conséquences affreuses qu'elles entraîneraient contre la société tout entière, si jamais celle-ci tombait dans ses mains.

Les mobiles de cette haine et de ce mépris de la faction, pour *Fieschi*, par opposition à Pépin et Morey, ne viennent pas d'ailleurs que de cette grande franchise de Fieschi, dans toute l'instruction et les débats de son procès, de l'absence chez lui de tout esprit de faction, de sa facilité à recevoir plusieurs personnes ayant des fonctions publiques, entre autres M. Lavocat, aussi bien que ceux de parmi ses connaissances qui n'en avaient pas, et qui auraient pu pénétrer jusqu'à lui; de ses déclarations de repentir, de son langage respectueux en parlant du roi, de ce que, en toutes circonstances, pendant cette longue affaire, on l'a constamment vu déclarer ce qui en était sur chaque fait, être reconnaissant pour ceux qui lui avaient fait du bien ; mais surtout de ce qu'il avait des *croyances religieuses, reconnaissait dans la société des hiérarchies, des puissances, des subordinations ;* sans haine, sans fiel, et, en général, revenant tout de suite vers celui qui lui aurait fait du mal. Tandis que Pépin et Morey appartenaient à cette faction de républicains abstraits, idéologues, n'ayant pour religion que *l'estime,* c'est-à-dire, comme on l'a vu, *l'orgueil,* pour lesquels *l'ame* est sans *élasticité,* cette fusion, cette facilité de vie et de caractère leur manquant entièrement, qui font seuls l'homme *harmonique* et *pliable* avec les choses ; auprès de cet *absolu, du genre,* de *l'indistinct,* du *sombre,* de *l'intolérant* et du *froid,* qui la distinguent, elle, et qui l'empêchent et l'empêcheront toujours, jusqu'à ce que, par un système vrai d'éducation, elle ait été changée dès le berceau, de jamais saisir *l'idée* politique, c'est-à-dire de sentir et comprendre dans le monde la vie universelle qui l'anime. Or, c'est cela précisément qui manquait aux démagogues et meneurs des populations *grecques,* et leur donnait cette haine que l'on voit dans leurs écrits contre la société et le gouvernement perse. Absolument, comme l'anarchie anglaise donne de nos jours, ce fiel, cette rage des Anglais de *Londres* et de *Canton,* contre les Chinois et leur gouvernement, de ne pouvoir *entamer* et pénétrer au sein des sociétés japonaises et chinoises, pour les anarchiser, les faire se suicider et révolutionner comme elle !

En Grèce, dans l'antiquité historique, quels sont les individus que les républiques honnissent, après s'être fait sauver des mille fois par eux dans leurs guerres incessantes ? qu'elles proscrivent, qu'elles traînent aux *Gémonies?* Dans chaque temps, toujours ce que l'humanité possédait de plus grand, de plus profond, de plus digne, de plus vertueux!

La canaille, les démagogues pourront bien écrire et dire : Pisistrate est un tyran! mais quand on va au fond des choses et que l'on examine de près quels étaient les tyrans de la Grèce, on voit que c'étaient des hommes à cinq cents *piques* des bavards qui les insultaient. Un Miltiade, un Thémistocle, un Aristide, un Xénophon (s'il n'avait vu bien vite qu'il n'y avait que chagrins, outrages et ingratitudes à recueillir au milieu de cette canaille, et ne se fût, par cette raison, retiré en Perse), un Lysandre, seront abreuvés d'outrages; mais ils sont les sauveurs de la Grèce! et le peuple étant intermittent dans ses opinions, ne veillant et ne pouvant pas toujours veiller pour la défense et l'appui de ceux qui le servent, parce qu'il ne sait pas, parce qu'il n'a pas son opinion de *science*, mais *d'instinct*, les demi-esprits, la tourbe moyenne, excitée par les démagogues, jaloux de leur supériorité, profitent de ces momens et les sacrifient. Un Sophocle, un Périclès, seront de même attaqués de toutes parts, et s'ils ne périssent pas dans les *fers* ou *l'exil*, ce sera un pur hasard ; c'est que, dans ces momens-là, le peuple tenu en éveil par des circonstances et des conjonctures que ne font pas les hommes, et qui viennent d'en-haut, ne se sera pas endormi. — Mais Pisistrate s'est emparé de la citadelle! crie la cohue. Oh !

Pisistrate est un scélérat! Mais ce Pisistrate, qui est un grand général, est encore aussi un grand poëte! car en chemin faisant, s'inspirant des chants, des poésies et des hymnes des peuples de la Grèce, il jette sur le monde, comme en se jouant, l'*Iliade* et l'*Odyssée*, les divines poésies qu'on attribue à *Homère*, et que chanteront en chœur aux jeux olympiques et sur les places publiques d'Athènes, le peuple, les enfans, et peut-être même les calomniatrices médiocrités de Pisistrate, en les donnant à un autre encore par jalousie!

Pour juger un homme privé, il faut le suivre dans ses actes journaliers, dans l'intérieur de sa maison, et examiner la conduite et les mœurs de sa femme et de ses enfans; pour juger un homme politique, il faut faire le même examen et voir comment il se conduit avec le public, non quelques individus, mais le public entier; ce qu'il fait et a fait comme *gouvernant*, comment la population le considère et le voit. Et si, trouvant, par rapport à ce qui se faisait avant lui, qu'il fait bien mieux ou différemment, mais mieux et manifestement mieux; que la société soit plus calme, de très-agitée qu'elle était, plus tranquille, riche, gaie et heureuse, ou tout-à-fait calme, et qu'elle jouisse de tout cela; que vous voyez tout le monde s'occuper, les travaux aller, les épidémies rares, les femmes accoucher généralement d'enfans bien constitués et jolis; que le *gouvernant* soit entouré en famille de tout le monde, quand il sort. Vous pouvez dire que cet homme est un homme supérieur et un homme de bien. Or, tout cela, Pisistrate et ses fils l'ont obtenu et fait pendant les cinquante-trois ans qu'ils ont eu le gouvernement d'Athènes dans les mains. Et il en aurait été de même sous le règne de *Lysandre*, s'il avait été Athénien et toujours à Athènes, au lieu d'être à faire la guerre ou occupé à se défendre, soit auprès des Ephores, soit auprès de Cyrus, des accusations et calomnies des anarchistes qui l'attaquant sans cesse, jusque dans son propre pays et le royaume étranger, et que l'abstraction et le *vide* des idées n'eussent pas déjà fait dans les populations athéniennes et grecques, les immenses ravages qu'elles y avaient faits depuis Pisistrate et ses fils !

Pour juger de la supériorité ou infériorité du *gouvernement et de la société perse*, auprès de la *société et des gouvernemens de la Grèce*, il y a à voir quels sont les Grecs qui, volontairement ou pour fuir la tyrannie hellénique, ont choisi la Perse pour séjour au lieu de retraite, et qui ont le mieux décrit cette contrée et ont été admis à y résider par son gouvernement. Eh bien ! c'est précisément tout ce que la Grèce a produit de plus profond, de plus digne, de plus charitable, de plus magnanime ! Est-ce une preuve de l'immense infériorité, de la calomnie, de l'immoralité et de la basse méchanceté de ceux des autres Grecs qui ont tant vociféré et écrit contre la Perse ? Qu'est-ce qui *crie* contre cette contrée ? Des rhéteurs, des rationalistes en grand nombre, des dogmatiseurs, des stoïciens surtout, par leur amour (non pour eux seuls, mais comme règle politique !) de l'*idée nue*, et leur implacable et stupide haine du *culte,* surtout du culte perse, par rapport à son plus grand développement là qu'en Grèce ! Qu'est-ce qui écrit sur et pour la Perse? Les Xénophou (le divin Xénophon !), tous les pythagoriciens, les Hécatée, les Charon de Lampsac, les Hellanicus de Mitylène, les Hérodote, les Ctésias, les Aristote et cent autres. Qu'est-ce qui aurait aimé cette société, s'ils avaient été plus près d'elle et que les circonstances de leur temps eussent été favorables? Les Lycortas, précepteur du célèbre *Phylopœmen;* les Polybe, son fils, qui, quoique étranger chez les Romains, est le seul qui ait fait connaître ceux-ci, leur société et leur gouvervement ; et cela, dans un *langage* ayant corps et vie, et symbolique! et non dans le langage *sombre,* abstrait, sauvage, révolutionnaire et anarchique des *Tacite* et autres ! Quels sont les plus grands hommes et les plus gouvernementaux de Rome? La famille des Scipions et quelques autres. Quels sont leurs ouvrages de prédilection? Les œuvres d'Homère, d'Hésiode, les œuvres de Xénophon [1], des

---

[1] Il y a bientôt un an, un soir (c'était le 26 septembre 1835), nous venions de lire dans le *Messager* le récit d'une réunion électorale tenue à Torigny, dans la Manche, et les rationalistes, anarchiques et abrutissans discours qui y furent tenus, sur la Charte, les violations de la Charte, l'inexécution de la Charte, l'inconcevable apathie publique, la violation des garanties promises par la Charte, qu'il faudrait du courage civil; que le seul mot de ralliement à employer désormais était: *la royauté et la ré-volution de* 1830*, etc.* ; et nous étant mis à lire quelques pages du premier livre : *la Retraite des dix mille,* par Xénophon, sur la

Aristobule, des Ptolémée, ces grands écrivains et tout à la fois ces grands généraux d'Alexandre, c'est-à-dire, après tout, tous ces écrivains symboliques et grands hommes d'État constatés par leurs actions! Dans les mains de qui se trouvera le *Phédon*, cette rationnallerie superfétatoire, dogmatiseuse, abstraite, nudifiante et destructrice de tout *culte*, là où un pareil livre serait une œuvre d'enseignement? les écrits des stoïciens? Dans les mains des Brutus, des Caton, des Cassius, de tous les *assassins* de César; c'est-à-dire de tout ce qu'il y a de plus étroit, de plus abstrait, de plus rationaliste, de moins homme d'État, de plus ennemi de tout symbole et des richesses et aisance de tous qui en sont la conséquence, de plus jacobin enfin!

Allons donc! rationalistes, anarchistes politiques, métaphysiques et autres, de l'Occident, depuis si longtemps, c'est-à-dire bourreaux des peuples! vous

marche, la bataille et la mort de Cyrus, contre et par son frère Artaxercès, nous nous rappelons que nous ne savions vraiment d'où nous venions, comment nous étions passés de ce *matérialisme logique, loquacier, de cet enfer* abrutissant, athéisant et horrible, à cet ineffable, enchanteur, moralisant et béatifiant empyrée des nations primitives! Et tombé de cette étroitesse, de cette non-entente des lois du monde et de la nature de Dieu, de ces parleurs de Torigny, à cette largeur, à cette beauté mystérieuse, à cette clairvoyance, à cette saine entente des choses et du monde, et aux inappréciables avantages pour les populations, de vivre sous une pensée aussi *multiple*, quoique *une*, auprès de ce matérialisme *un* et sauvage, sans multiplicité, élasticité ni liberté, de ces phraseurs! Ah! comment le monde a-t-il pu passer de là ici? Nous le dirons.

croyez que vous en imposerez toujours ; qu'il vous sera toujours laissé d'abîmer et de laissé-abîmé le monde dans votre vide ténébreux , étroit et stupide, contre la vérité et la justice, contre les hommes au front large et haut, au poignet fort et hardi ! et que ceux-ci, sur le champ de bataille, si jamais la chose y va, auront peur de vous ! attendez !

Ce n'est pas par des *duels* et dans des *duels* qu'ils se mesurent , les hommes symboliques ! car pour se battre en duel, c'est-à-dire, vouloir au prix de la mort d'un autre ou de la sienne, faire triompher une idée (qui n'en est presque jamais une, mais une passion), il faut partir comme vous de *l'idée abstraite,* créée par sa cervelle, idéologique; la prendre ensuite pour une *entité,* une *existence absolue, type* des choses créées, original des choses créées ; ce qui conduit à faire de la partie, de la créature, *un absolu,* le tout et le créateur du tout, c'est-à-dire de l'univers ! comme cela résulte des criminelles et à jamais déplorables aberrations de *Platon,* de ce *législateur* et *Messie* de tous les idéologues, de tous les rationalistes et sophistes de l'Occident, depuis vingt-deux siècles! Et par cette création idéale stupide, prise pour une *réalité absolue* par le champion, et la mettant en présence de l'autre création ignorante de son adversaire, la vouloir faire triompher au prix de sa vie ! Les généraux de Cyrus, les lieutenans d'Alexandre , les grands capitaines de Rome faisaient-ils de ces créations-là et se battaient-ils en duel ! Vit-on jamais des *combats singuliers* chez les peuples antiques ! autrement que comme princes ou grands généraux , à ce titre seul, hommes d'égale capacité, jaloux et rivaux de domination ; mais toujours en présence et à la tête de leurs armées que les *sacerdotes* ou *mages,* pour empêcher l'inutile *effusion du sang* dans celles-ci, admettaient et déclaraient saints et sacrés; mais seulement, pour éviter à la terre les maux que ces ambitieux d'égale force et génie pouvaient lui causer ! mais, comme on l'aperçoit, toujours sous *forme politique, pour et au nom de la généralité,* ne se battant plus, elle, et qui continuerait de se tuer sans cela !

On ne voyait donc pas chez ces hommes, ni aux temps de ces hommes, ce que vous voyiez l'autre jour à la Chambre des communes, une assemblée chargée de faire les lois d'un grand peuple, composée de six cent cinquante personnes, passer toute une séance de cinq heures à délibérer sur le *duel Trench* et *adversaire;* et le surlendemain, une séance *de crocheteurs* pendant au moins le même temps, pour et à l'occasion de ce duel! Les populations d'alors les auraient sifflés d'une façon telle, que, bien certainement, jamais mascarade, honteuse et dégradante action pareille, ne se fût reproduite !

Mais le même esprit qui fait ou admet de pareilles misères ici, conduit ou pousse *Pépin à aller et monter à l'échafaud la pipe à la bouche,* lui qui ne fumait pas ou presque point! Tout cela, pour montrer, en vrai acteur, en histrion, à la cohue immorale impie spectatrice, qu'on est digne d'elle, puisqu'on ne craint ni la mort ni Dieu ! Mais tout cela pourtant aussi avec des manières qui font voir qu'on la craint beaucoup plutôt! car si on ne la craignait pas, on ne serait pas tant occupé de son personnage! Sous la *loi symbolique*, on ne voit pas les acteurs, dans les affaires ou les combats, y tant penser! et pourtant, on les voit périr souvent, preuve qu'il y avait du danger!

A l'entendre encore, sur la grandeur et la supériorité de sa civilisation, auprès de celle antérieure (parce qu'on lui permet, vu l'anarchie, de se démener et d'assourdir le monde, sans avoir pris ses degrés, et par là prouvé qu'elle est digne d'avoir la parole politique, la parole sur tous), ne suppose-t-elle pas qu'il n'y avait que la *matière du monde* dans l'*esprit* des hommes antiques, et que les classes supérieures, les artistes, ne parlaient que la *bouche pleine de cailloux!*

Il n'y avait pas évidemment plus de *données* sur *les choses*, plus de *compréhension des choses*, dans la *tête* de cet artiste antique, *moulant, sculptant* ou *peignant* pour la première fois, avec tous leurs *attributs*, les dieux du culte symbolique, c'est-à-dire, découvrant, enseignant et mettant pour tous sous des formes sensibles et matérielles, les lois du *monde*, ou des grands *élémens de l'univers!* attributs que les intelligences les plus vastes, les hommes les plus profonds d'aujourd'hui, pourraient et peuvent à peine saisir!

Quelle tourbe!

Il en est de même pour tout ce qu'elle possède: ou

elle le leur doit, ou elle a moins bien qu'eux ; et cela ! pour *sciences, arts, institutions*. L'institution actuelle des *postes*, par exemple, dont elle se vante comme preuve de sa prétendue supériorité, eh bien ! elle la doit en entier à l'ordre social antique [1] : on lit dans la Cyropédie, livre 8 :

« Après avoir examiné le chemin que pouvait faire
» un cheval dans une course, sans être excédé, il
» ordonna (Cyrus) que sur toutes les routes on con-
» struisît des écuries qui fussent distantes l'une de
» l'autre de cet intervalle ; qu'on les garnît de che-
» vaux et qu'on y entretînt des palefreniers. Dans
» chacune il devait y avoir un homme intelligent pour
» recevoir les lettres, qu'un courrier apportait, les
» remettre à un autre courrier ; avoir soin des che-
» vaux qui arrivaient fatigués, et en fournir de frais.
» La nuit ne retarde point les courriers, celui qui a
» couru le jour est remplacé par un autre qui se
» trouve prêt à courir la nuit : aussi, a-t-on dit d'eux
» que les *grues* ne feraient pas autant de chemin dans
» le même espace de temps. Si cette façon de parler
» est exagérée, il est du moins certain qu'on ne peut
» voyager sur terre avec plus de vitesse, etc. »

Pour l'*économie* politique, pas davantage. En effet, on lit encore dans la Cyropedie, même livre :

« Au reste, ce n'est pas seulement pour les raisons
» que je viens d'alléguer que les mets envoyés par le
» roi font tant de plaisir à ceux qui les reçoivent : les

---

[1] Et elle en était encore privée au temps de Louis XI !

» viandes qui sortent de sa cuisine ont encore le mé-
» rite d'être mieux apprêtées qu'ailleurs ; et l'on ne
» doit pas plus s'en étonner, que de voir les ouvrages,
» de quelque genre que ce soit, mieux travaillés dans
» les grandes villes , que dans les petites. (La cohue
du jour dirait ici, elle : mieux travaillés dans les
villes où l'économie politique est plus avancée, que
dans celles où elle l'est moins ; sans s'apercevoir que,
pour chaque genre d'industrie, plus la ville est grande
là où elle s'exerce, plus elle y est bien et économi-
quement exercée.) « Dans celles-ci, le même homme
» étant obligé de faire des *lits*, des *portes*, des *char-*
» *rues*, des *tables*, souvent de *bâtir des maisons* ; »
(dans tous les bourgs et villages encore aujourd'hui
en France, les mêmes hommes sont obligés d'accom-
plir tous ces différens travaux : ce n'est que dans les
lieux populeux où, par la grande quantité de commandes de la même sorte, chacun pouvant se faire
une profession de la même industrie, avec espérance
d'en pouvoir vivre, s'y applique, et tout de suite
l'économie de temps et perfection dans le travail se
font remarquer. Mais c'est toujours par la plus grande
quantité de commandes que l'économie et le progrès
commencent, et non *à priori*, de la part de l'homme,
de s'ingénier quand il est peu occupé ou qu'il vend
peu ; au moins dans le principe.) « Et il s'estime fort
» heureux quand il est assez employé dans ces diffé-
» rens métiers, pour en tirer de quoi vivre. On con-
» çoit qu'un ouvrier qui s'occupe à tant de choses ne
» peut réussir à toutes également. Au contraire, dans

» les grandes villes, où une multitude d'habitans ont
» les mêmes besoins, un seul métier suffit pour nour-
» rir un. artisan ; *quelquefois même il n'en exerce*
» qu'une partie : tel cordonnier ne chausse que les
» hommes , tel autre que les femmes : l'un gagne sa
» vie à coudre les souliers , l'autre à les couper : entre
» les tailleurs, celui-ci coupe l'étoffe, celui-là ne fait
» qu'en assembler les parties. Il est impossible qu'un
» homme dont le travail est borné à une seule espèce
» n'y excelle pas. On peut en dire autant de l'art de
» la cuisine, etc. »

On voit par là si les principes de l'économie politique, *posés aujourd'hui* avec une sorte d'*emphase*,
par tant de braillards , et qui reposent purement sur
la division du travail et la combinaison des efforts ,
n'étaient pas connus par les nations antiques !

Et pourtant, l'on doit remarquer ici que ce n'est
qu'en passant, incidemment, que Xénophon parle
de cela : ce n'est simplement que pour mieux faire
entendre ce qu'il veut dire dans ce passage : que les
mets qui sortaient de la cuisine de Cyrus, valaient
mieux que ceux de chez d'autres, parce que chaque
cuisinier et employé dans cette partie du palais du
prince, ne vaque qu'à une espèce de travail. Mais
par ce qu'il en dit, on voit que s'il avait eu un ouvrage
spécial comme ceux du jour, à faire là-dessus, combien la *science économique* était connue de toutes les
nations orientales.

De même pour la phrénologie, cette prétendue
science dont elle fait fureur. Depuis vingt ans, on

n'entend plus parler que phrénologie, *crânes* humains et *bosses;* et cela, dans un langage en parfait rapport de *cynisme* avec la chose! Comme si ce qu'il peut y avoir de vrai dans les rapports du physique de la tête et du moral de l'homme avait été ignoré des hommes instruits de l'antiquité! Mais de vrai, physiologiquement parlant, c'est-à-dire de cette image, forme, couleur, nuances, teintes, yeux, regard, son de voix et rapports de tout cela à l'appréciation de l'ame qui observe et qui juge, et non du *compas;* et non de cette ignoble, ignorante et repoussante *cranioscopie* de la tourbe du jour! On lit dans Apollonius de Tyane, par Philostrate, livre II, chap. 30 : « Ce qui regarde les hommes, on le connaît à leur physionomie; car les yeux découvrent plusieurs des dispositions de l'homme (de l'ame); bien des choses aussi se distinguent dans les sourcils, le front, dans les joues ; et les sages et bons physiciens, considérant ces parties du visage, connaissent le génie et le caractère des personnes, comme on voit une image dans une glace. »

Jusqu'ici, nous n'avons rien dit du parti carliste, ou dit catholique. Il se divise en trois *nuances* bien tranchées, au moins dans ce moment-ci. Il y a le parti dit royaliste, c'est-à-dire des *éclectiques;* ce parti est personnifié, quant à la parole, par M. Capefigue. Pour les actes, il est inutile d'indiquer celui qui le personnifie le mieux. Ce parti a-t-il quelque valeur du point de vue de la vérité, de la justice, de la politique, du point de vue divin enfin ? Il n'en a aucune, et c'est, après la faction éclectique doctrinaire, le plus immoral. En effet, comme descendant en majorité, ou suivant comme bannière quelques individus de l'ancienne noblesse de cour, à origine féodale, il en a les principales traditions. C'est cela qui lui donne cette *aisance ronde* et *sans emprunt*, que l'on ne remarque pas chez les éclectiques doctrinaires, qui ne peuvent, eux, montrer la grandeur que par une sorte de *morgue pédante*, qui fait tout de suite voir que chez eux elle est artificielle. Mais, quant au fond de ses principes et de ses sentimens, les doctrines ou le savoir, la foi ou la religion du parti royaliste en question, c'est la science des *écoles, l'institut,* la *majorité* dans les *académies :* c'est-à-dire les sciences purement d'observation, partant *fondamentalement* de l'idée mathématique, de la force définie, commensurable, limitée ; mais de cette force comme *création de l'esprit*, sans *type* dans la nature ; à l'instar de l'idéologie de Platon, qui part du *genre*, de *l'absolu*, jamais de *l'acte*, et qui conduit, elle, au dogmatisme, à la république ; tout cela chez lui tempéré par une *certaine littérature,* roulant sur l'arrangement des mots, le rythme, non sur la substance, et dont il fait ses délices dans des châteaux ou sur de moëlleux siéges dans ses salons : c'est le vieux parti *payen - romain sans foi,* au temps de *Sidoine Apollinaire.* Ce parti, quand il n'a pas précisément le pouvoir, que la pensée gouvernementale n'est pas tout - à - fait la sienne, comme depuis la révolution de Juillet, parle à tout propos de religion ; non parce qu'il croit à la religion , mais comme *jargon*, par la tradition des vieux temps , où la religion était l'ame du pouvoir, et où tout se faisait pour et par elle ; il l'a toujours à la bouche. Si la pensée catholique régnait comme sous Charles X , il n'en parlerait jamais , par la bonne raison que le parti *carliste* (autre nuance du parti royaliste dont il sera parlé plus loin), gouvernant ou voulant absolument gouverner par la *pensée catholique pure*, et voyant, lui , très-bien *frémir* le monde sous ce manteau qu'il ne peut plus supporter, il n'en parlerait que pour modérer celui-ci ou le critiquer ; pour lui remontrer les principes d'indépendance du pouvoir temporel, mais par pur épicuréïsme ; comme s'il lui disait : Taisez-vous , imbécilles , jouissez de votre position, ne parlez pas de cela. Vous voyez que si la société est éloignée dans ses mœurs et ses actes de la vieille foi catholique, elle l'est encore bien plus pour le *mot*. Ce mot-là choque son oreille depuis fort long-temps ; elle ne peut le supporter ; et , seulement à le rabâcher trop souvent, comme vous faites, vous pouvez compromettre la dynastie , donner *entrée* sur le trône à une autre *idée*, et aventurer ou perdre tout-à-fait cette belle position que voilà que nous avons dans cette forme politique, où tout se fait gouvernementalement sur les populations par et pour nous. C'est là le langage que cette fraction du parti royaliste n'a cessé de lui tenir sous les dernières années de la Restauration, et sur lequel tous ses reproches étaient basés après les ordonnances et l'expulsion de la dynastie.

Ce parti n'a de religion, comme on vient de le dire, que pour la forme : il ne croit à rien ; c'est un pur jargon dans sa bouche ; il aurait à donner aux *pauvres*, par politique, vu ses grands biens il verrait qu'il serait obligé de leur donner, qu'avant de le faire, ou sur le coup, il enverrait *notice* aux journaux, du jour et de la somme, afin qu'ils le publiassent ; et s'il s'occupait à rechercher la *science de ses actes*, le fond de ses doctrines, il trouverait et on trouve pour lui que, créant cérébralement une donnée pour en partir, et une donnée définie, *à posteriori*, en considération de cette position que la charte de Louis XVIII lui avait faite, c'est un *panthéisme gouvernemental*, un matérialisme si impie et si spoliateur, que si on lui laissait prendre le pouvoir, comme le désire tant son avocat, M. Capefigue ; qu'il eût les coudées assez franches pour le bâtir comme ses doctrines le montrent, dans des circonstances extraordinaires, c'est-à-dire à supposer qu'on sortît d'une guerre de principes, longue et sanglante, qui eût moissonné tous les hommes supérieurs et énergiques, nés dans les classes moyennes et inférieures, comme cela était en 1814, il pourrait peut-être aller pendant une demi-génération ; mais que s'il avait à prendre et bâtir son régime dans des circonstances ordinaires, comme tout-à-l'heure, par exemple, il y a cinq cents à parier contre un, qu'il n'irait pas à un *règne de douze ans*, peut-être de *huit*, et qu'il le terminerait par une catastrophe, où plus de la moitié des siens seraient étranglés, tant l'indignation révolutionnaire, dans ses adversaires (qui seraient en nombre innombrable), serait grande !

En effet, que veut ce parti? une politique de *châ-teaux*, l'hérédité légale de la *pairie*, et de fait de presque toutes les fonctions, hors les toutes petites, qui seraient considérées par lui comme indignes de lui et de ses enfans ; un enseignement primaire, le plus limité possible ; un enseignement supérieur, fortement restreint, défini et partout *encadré* dans des programmes ; afin que ni professeurs ni élèves ne s'avisassent de faire des incursions au-delà; un enseignement supérieur, bâti sur de grands frais de *tenue, trousseaux* et *pensions*, comme sous la faction éclectique doctrinaire, et sur les plus grands *droits de diplômes;* mais tout cela sur un système bien plus *serré,* bien moins susceptible d'ouvertures accidentelles, bien moins progressif encore que sous l'autre faction, où, par la naissance en général *plébéienne* de ceux qui la composent, l'arbitraire qui les caractérise, profite souvent aux idées *neuves*. Pour lui, le tout arrangé, depuis le sommet de la société jusqu'au bas, de raison froide, et de toutes pièces; mais par-là même d'une façon si artificielle, si de main d'homme, que jamais création plus injurieuse à Dieu, plus impie, plus scélérate, et plus coupable dès-lors, n'aurait été faite !

Ce parti n'a pas d'avenir, d'abord, par la raison que tous ces vices que nous venons d'étaler sont, sinon vus et compris du public, au moins bien sentis, et qu'en outre, à moins qu'il n'appelle *avènement et règne* une *domination* de deux à quatre ans, il ne pourrait faire plus ; et au bout même d'une période aussi courte, il serait déjà fortement compromis!

M. Capefigue écrit et travaille pourtant là-dessus et en faveur de cette *impie misère,* depuis six ou huit ans! mais M. Capefigue n'a aucune portée dans l'esprit; il suffit de lire deux pages de lui pour le voir. Quoi qu'il en soit, pourtant, à en juger par cette *haine,* ces *injures incessantes,* que vous le voyez lancer contre *M. Thiers,* on dirait qu'il en aurait! Ne serait-ce pas que M. Thiers, au milieu de toutes ces factions libérales *pygmées* qui s'agitent près et même dans le pouvoir, et que M. Capefigue sent bien être incapables de tenir, si elles étaient abandonnées à elles-mêmes, contre la *grande, l'invincible politique* de *hauts salons,* de *grandes propriétés, terres et châteaux!* que M. Thiers, dis-je, lui serait un *unique* et *dangereux* obstacle! Nous le croyons bien. Et à en juger nous-mêmes, nous déclarons que M. Thiers, quoiqu'il n'atteigne pas au *principe synthétique vrai,* et que tout ce qu'il fait ne soit pas bon, puisqu'il tend et même qu'il réalise plus que tout autre dans la *matière,* dans et sur le *mobilier humain,* ces principes de ténèbres, d'anarchie et de guerre civile, qui sont au bout de tout ce qui est accepté comme vrai par la société et ses meneurs, comme il est très-visible, qu'il est de bonne foi, et qu'il croit bien faire; que, surtout, il n'y a au moins aucun de ces mauvais principes *pris par lui pour type* de vérité et base de système fait ou à faire, sur eux; que s'il ne marche pas synthétiquement vers le *vrai* et le *bien,* il *branle* au moins, marche et ne systématise pas le mal, il est meilleur politique, meilleur pour les populations et plus vertueux, oui plus vertueux ! que la faction Capefigue.

La deuxième *nuance* du parti carliste est la *fraction catholique*. Cette fraction est représentée par le clergé d'abord ; la *Gazette de France*, quelques journaux royalistes, ses fils, dans les départemens, et quelques habitans des villes pris dans tous les rangs de la société. Nous ne parlons pas des cantons et localités dans les départemens où la population est catholique, non pour suivre plus ou moins à l'église les exercices religieux, comme, dans tout le reste de la France, font le plus indifféremment les populations, mais catholique de *foi ;* parce que ces populations appartiennent, par *cette foi même*, à la troisième et dernière *nuance* du parti royaliste, dont il va être bientôt parlé. Le parti catholique n'a aucune importance ; abandonné à lui-même, ce cerait la faiblesse même. Quant aux doctrines, il ne sait pas beaucoup celles qu'il a. Par niaiserie ou bêtise feinte, même, chez ses meneurs, lorsqu'on lui parle de doctrines, qu'on le somme de s'expliquer, il fuit le combat, ou bien se met à vous présenter ou opposer quelques-unes de ces *exclamations* sentimentales sur Dieu, la religion ou la morale, qui se sont échappées, de temps à autre, depuis cent ans, de la poitrine des ames tendres et bien nées, en présence de ce *cynisme* et de cette *systématisation* de *l'injustice* ou du *mal* que leur présente la société ; mais par-là même sans portée, puisqu'elles ne *ressortent* ni ne présentent d'autre *conception* de *Dieu et du monde*, que celle on ne peut plus ignorante, des *juifs* et des *chré-*

nens ; ou bien quelques-uns de ces *morceaux* de la théologie des derniers siècles, où vous voyez les mots *ajustés* les uns à la suite des autres *sans expression de pensée,* c'est-à-dire tout ce qu'il y a de plus *bête ;* ou bien encore quelques passages d'écrits du moyen-âge, sur la *beauté du royaume éternel,* le *néant de cette vie ;* ou de cette théologie *logique dogmatiseuse,* partant de quelques-unes de ces productions néoplatoniciennes sur *l'unité de Dieu, qu'aucune* des nations primitives n'a contestée ni écartée, tout en reconnaissant et adorant avec elle des puissances secondaires au-dessus des hommes et des rois ; incontestables dans l'univers, et qu'il fallait être ignorant comme les esclaves romains, devenus évêques, c'est-à-dire passés en un moment de l'état de la *brute* à l'état de *gouverneur* ou de *prince,* pour ignorer ; mais *esclaves* qui n'existaient pas chez ces nations autrement qu'à l'état de domestiques, *domesticité,* que le christianisme n'a jamais attaquée, qu'on sache ! et esclavage, dont il s'est fort bien accommodé, dont il s'accommode encore fort bien dans presque toute l'Europe, l'Amérique et l'Océan, là où il a été porté ! esclavage romain, qui a disparu de l'Europe au fur et à mesure que les *idées et l'industrie* de *l'ancien culte symbolique oriental* ont fait du chemin, et chassé à coups de *trique et de fusil,* le jeune christianisme, lui, que les esclaves mêmes n'avaient adopté que sur sa promesse de monts et merveilles à faire pour eux, auxquels il avait failli et manqué de parole ! — Ce parti, par toutes ces raisons, n'a aucune force ; et quoiqu'il eût une politique à lui, si on le laisait maître dans une contrée, politique qui consisterait à faire administrer, enseigner, guider et gouverner les populations, aussi bien dans les ateliers, fabriques et champs, qu'à l'école et dans l'église, par des *prêtres;* qu'il conduirait bientôt, vu l'ignorance de ceux-ci, à faire mourir de faim et à mettre nus; sauf promesse, par compensation, de l'autre vie, à leur faire; mais vu sa faiblesse, qui accepterait et acceptera toujours, et partout, désormais, la parti qui gouvernera; qui préférerait seulement avoir affaire à la *nuance éclectique* ci-dessus, par les nombreux points de contact en idée qu'il a avec elle, et identité de sentimens; c'est-à-dire parfait accord d'athéisme entre eux !

La fraction catholique n'a aucune valeur, non-seulement ici, mais en Belgique, où elle vient de monter des enseignemens à grands renforts d'annonces ; qui ne débite que des âneries, qui feraient hausser les épaules au dernier *lettré de l'Asie orientale* ou *Brahmane de l'Inde,* et qui ne se soutient que parce qu'elle n'a pour *adversaire* qu'une faction ignorante comme elle, au dernier point, par d'autres raisons, la *faction libérale.*

La fraction catholique voudrait-elle *arguer* de l'ancienneté de son livre ou code, et de ce qu'étant le *seul* qui soit parvenu jusqu'ici, il serait par là *l'arche* d'alliance, la lumière divine, le livre même de *la loi ?* A la fin de cet écrit, il sera inséré sous forme de note [1] un passage pris d'un autre travail de nous et non pu-

[1] Voir page 95.

blié, qui répondra à cette objection ; et cela, de manière, sinon à lui fermer la bouche, à elle, au moins à convaincre tous ceux qui pourraient encore croire la vérité en elle.

La troisième et dernière *nuance* du parti carliste, dit catholique, est composée, d'abord, de tous ceux qui ont pris les armes, dans les journées de juillet, pour défendre Charles X et la branche aînée, ou qui, les ayant à la main pour leurs fonctions, s'en sont servis à cette même fin ; de tous ceux pour lesquels Charles X et ses proches étaient, non-seulement le roi et les chefs de l'Etat, mais un culte, qui les aimaient de cœur, religieusement ; qui ont non-seulement versé des larmes à sa chute, mais en toutes circonstances où, depuis, la catastrophe s'est fortement représentée à leur esprit ; qui ne pourraient encore aujourd'hui supporter la vue de la famille à *Prague,* sans se mettre à pleurer ; de tous ceux qui ont pris les armes depuis la révolution de juillet, en Bretagne ou ailleurs, seuls et spontanément ou avec la duchesse de Berry, en France ou à l'étranger ; enfin de toute la fraction dite *chevaleresque* du parti carliste catholique, et qu'il faut désigner ici, désormais, pour la distinguer des deux autres fractions, par et sous le *nom* de *parti carliste proprement dit.*

Ce parti n'a presque pas de science, et par là pas ou peu d'érudition. Cela tient à ce qu'étant religieux et croyant, et n'ayant que le livre *juif et chrétien* pour *source* et *règle* de vérité, et ce livre étant nul et ignorant, il en participe. Aller chercher, même pour *soi seul*, la vérité ailleurs, dans les travaux d'observation, comme fait la nuance éclectique de son parti, c'est n'avoir pas de *foi*, c'est supposer que la vérité tout entière n'est pas dans le livre religieux ; il ne le fait pas. La raison de cela, c'est que chez lui, c'est la vérité qu'il *veut* ou *voudrait*, qu'il *aime au fond* et sur laquelle il se trompe, mais pour laquelle il combat et combattrait. Ce parti, par son défaut de profondeur, résultat de sa mauvaise éducation, étant quelquefois, au moins depuis la révolution de Juillet, *porté*, par cet océan de vices, au milieu duquel il se voit comme englouti, à *douter de Dieu, que Dieu soit*, éprouve des chagrins cuisans : alors, il *prie* ou *jure*, et ses femmes et filles *pleurent* ou *invoquent*. Chez les hommes, par occasion, dans les momens d'un peu de tranquillité d'ame, on les voit tomber dans la *volupté*, les femmes quelquefois dans la *dissolution*, mais tous parce qu'ils sentent vivement.

Ce parti, comme on vient de le dire, est peu profond dè science ; mais il l'est d'*instinct*, et le seul dans toute la faction carliste catholique qui sente *la vie universelle, qui anime et illumine le monde*, sauf qu'il ne la *comprend* pas. Dans cette fraction, entrent les Bourmont, les Marmont, les Châteaubriand, les Donnadieu (le maréchal Clauzel lui appartiendrait, s'il était issu du même parti, et que la fortune ne l'eût pas mis aux prises en 1814 et 1815 avec la duchesse d'Angoulême ; il s'y trouverait infailliblement, si une catastrophe politique arrivait qui bouleversât et *brassât* les partis, sans espoir d'intérêts antérieurs ; et beaucoup d'autres chefs, officiers, sous-officiers et soldats aussi dans l'armée, ignorés quant à cette nature, seulement par l'infériorité du grade, qui ne leur permet pas la parole publique ou politique dans les assemblées et les journaux, qui les ferait connaître.) Les Polignac, les Martignac, s'il vivait, les Chantelauze, les Montbel, les Fitz-James, les Berryer, etc.; mais non les Peyronnet, les Guernon-Ranville, qui appartiennent aux éclectiques de ce parti; les Larochejacquelin, les Kergorlay, et une foule d'autres de la Vendée, autour de Nantes et de Nantes, et de par toute la France, plus ou moins épais semés, appartiennent à ce parti [1].

Cette fraction, avons-nous dit, sent vivement; est de même vivement religieuse. Sa foi n'est pas d'apparat, elle est sincère; et si elle donne aux pauvres (et elle leur donne le plus que ses moyens le lui permettent), elle le fait en particulier comme en public, dans la solitude comme au milieu des villes et des passans. Chaleureuse, brave, digne, compatissante; et si elle est moins au fait, pour tout ce qui concerne le matériel, l'approvisionnement, l'administration, les détails chiffrés, de bureaux et de notes, d'une armée, que les hommes, généraux et autres, du parti libéral, partant tous en général, ou de l'idée mathématique, de la force absolue, ou du *mentalisme con-*

---

[1] M. de Lamartine lui appartient également; et il n'est tellement sans *corps*, quintessencié et abstrait, que par son éducation toute biblique et rationaliste.

fus, indistinct, un et sans vie, du *parti républicain,* cela tient à ce que chez elle on s'occupe moins des travaux sur la matière, de la nature physique du monde, que son code réprouve, que le parti libéral; mais des *administrateurs* et *aides* libéraux lui étant donnés, pour cette partie de l'intérieur d'une armée, et sur le champ de bataille, elle l'emportera sur les libéraux. Depuis quarante ans les généraux révolutionnaires qui l'ont emporté sur elle, et ont montré de la superiorité, appartenaient à cette *nuance d'hommes,* et ne se trouvaient ainsi ses adversaires que par des circonstances de naissance et d'intérêts matériels opposés : cela est clair comme le jour, et répond à ces reproches d'apostasie que lance le libéralisme contre quelques anciens généraux révolutionnaires, ou descendans d'eux, qui sont passés, à la chute de l'empire et depuis, dans le camp royaliste qui nous occupe [1]. D'autres libéraux aussi, des hautes administrations, de tous les hauts emplois et de la haute magistrature, sous l'empire et la république, sont passés encore de ce côté; mais c'est dans le *camp éclectique royaliste.* Et cela par la même loi : les premiers étaient *chaleureux, vivans* et

[1] Qui ne sent que si les principes de *Don Carlos* n'étaient catholiques, c'est-à-dire ignorans et anti-sociaux, que, quant à la supériorité et moralité personnelle, ses lieutenans et soldats l'emportent infiniment sur ce *milieu haut-bourgeois* et la *grandesse espagnols;* qui ne sont en majorité que des *athées,* et par là que des égoïstes orgueilleux, ou que des fripons, et chez beaucoup l'un et l'autre!

poëtes, les circonstances matérielles les séparant de leurs *identiques en nature*, venant à cesser ou disparaître, ils devaient ne plus former *qu'un ;* les seconds, sans expansion, froids, logiciens, écrivailleurs, analyseurs, hommes aux cartons et papiers, devaient se réunir aux éclectiques carlistes.

Une cause quelconque donnerait demain, ou aurait donné, avant les journées de Juillet, cent mille francs de rente à chacun des *supposés hommes d'État de tel pamphlet;* et vous auriez vu et verriez tout de suite ou bientôt, ces hommes passer dans le même parti ; parce que le fond de l'ame de ces hommes est la moquerie (dont ils ne feraient plus usage alors par correspondance imprimée, mais dans les salons de leurs semblables), l'égoïsme, le scepticisme et son compagnon inséparable, *l'orgueil.*

Toutes les *nuances chaleureuses dans tous les partis qui divisent la société*, sont de la même nature ; c'est la même nature d'hommes ; des circonstances, des faits, des intérêts matériels seuls, les divisent, les ont mis où ils sont ; mais ces circonstances, faits et intérêts matériels, ne sont que des *effets*, qui proviennent de mauvais principes ; de l'enseignement constant, depuis tant de siècles, de ce *mentalisme cérébral*, de cette *quintessence* tirée par l'ame de l'univers physique, et présentée sous le nom d'*intelligence universelle, d'esprit infini,* ou *de l'idée*, qui ne vous disent rien, qui ne jettent aucun jour sur les *choses sensibles,* envisagées, soit en elles-mêmes et physiquement, soit dans *leur essence intime*, qui conduiraient à saisir dans les choses les *similitudes* et les *différences*, et à apercevoir tout de suite ce *type*, *un*, cette *forme générale* qu'affecte *chaque espèce d'être* dans la création, toutes ses variétés ensuite ; mais variétés se présentant dans toutes sous *ces trois grandes qualités* ou *manifestations* que nous avons posées en tête de cet écrit, et qu'aucun homme instruit de l'antiquité n'ignorait, qu'aucun homme des classes supérieures, encore aujourd'hui dans toute l'Asie non musulmane (non musulmane ! et cela encore parce que l'islamisme, venant de la même source que la *Bible* et *le Christianisme*, c'est-à-dire sortant comme eux de la rêverie *mésopotamique* qui part *à priori* du mentalisme, l'a toujours ignorée), n'ignore ; qui aurait fait dire, non-seulement à *Epicharme*, sifflant Xénophane pour partir dans tout, comme il le faisait, de l'idée mathématique, de la fatalité, pour arriver toujours à l'absurde, à l'athéisme et à l'anarchie ; mais à tous les hommes vraiment politiques, et par là, véritables philosophes, que si *Xénophon* et *Platon* étaient toujours *deux hommes, deux êtres de la même espèce*, le premier était dans le vrai et l'autre on ne peut plus dans le faux ; que partout où on mettrait le premier à gouverner, là, les populations resteraient heureuses, aisées, libres, religieuses, compatissantes, solidaires d'amour et de peines ; bien liées, braves, susceptibles des plus grandes et des plus belles choses ; mais que là où on mettrait le second, l'individualisme prendrait tout de suite la place de l'idée solidaire, l'égoïsme celle de l'amour, la jalousie, l'envie, celles de la sympathie, de la bienveillance, le désir de paraître de celui d'être, l'amour du parlage, d'une vaine science, du savoir réel, la dissolution de la famille, le brisement de la famille et la violation de la foi conjugale, de celle de son maintien, l'anarchie la place de l'ordre, la moquerie et le sarcasme celle de la douce gaîté; et tout de suite, comme conséquence, le gouvernement de la société, passant de la main des hommes de bien éclairés, partout dans celle de factions éclectiques et de rhéteurs, que cette pensée enfanterait, et pour fin et couronnement de l'œuvre, l'athéisme substitué à la foi, l'enfer sur la terre, au séjour de délices qu'elle présentait auparavant. — Pas un seul homme au moins ! né et séjournant constamment au-delà de la *mer Egée*, n'a cru en *Platon* ni prôné ce sophiste ! Pour trouver des partisans à ce misérable, il fallait descendre dans les îles, en Grèce, et vers le nord; et la raison de cela en est simple : en Asie, pour connaître la vérité et pouvoir raisonner, il fallait étudier *l'univers* physique dans ses détails et dans son ensemble, et pour cela, outre qu'il fallait une grande facilité intellectuelle, il fallait encore du temps. La connaissance, en Asie, était celle de *cet immense, infini, et toujours vivant échiquier;* tandis qu'en Grèce, la Grande-Grèce, et ailleurs, vers le nord, le premier hobereau, le premier *gamin littéraire* ou *scientifique*, se mettait tout de suite à raisonner sur des créations cérébrales qu'il faisait, soit *unes, indistinctes* et sans vie, comme chez les Lacédémoniens, les Doriens, les Juifs [1], les Stoïciens ; soit idéales et *entitiques*, comme les Platoniciens de toutes les sectes, et par là même que ce bavard avait toujours commencé par créer son lit ou bâtir par la pensée la topographie de son champ de bataille, avant de se coucher ou de se battre, il pouvait facilement remporter la victoire. Comment, en effet, l'homme éclairé l'aurait-il convaincu ! lui qui aurait pris et qui prenait ses *règles* de jugement, ses *compas* de mesure, ses *criteriums* de justice, dans la nature? L'autre lui aurait échappé par une *gambade cérébrale :* tantôt en *créant* tout de suite une autre *donnée comme principe, pour en partir,* et par là se défendre; tantôt, en rhéteur, en *escamotant* ou le *principe opposé,* ou quelques-unes de ses *conséquences immédiates* ou *médiates !* Or la foule écoutant, jugez combien il était facile, elle qui était et est toujours incapable de saisir ou de suivre un raisonnement, de paraître fort, ou même supérieur devant elle [2], et par là d'acquérir sa popularité ! Aussi, quand quelque intelligence secondaire ou médiocre, avait été pervertie dans une *succession* de *rencontres* sur la *côte asiatique,* par ces *flibustiers littéraires* et *nautiques,* accourait-elle bien vite à Athènes et dans le nord ! parce que là, en sophistiquant, elle

---

[1] Voir *les Machabées,* liv. III, ch. 12.

[2] En effet, comme devant elle, celui qui donne toujours les derniers *coups de poings* est le victorieux ou passe pour l'être, celui qui disait le plus de mots, qui parlait le plus vite et le plus long-temps, était l'homme supérieur ! Cela n'est-il pas encore de même aujourd'hui?

aurait des auditeurs; tandis que chez elle, si elle avait osé se présenter dans une lice avec un pareil et aussi misérable bagage, elle aurait été honnie. C'est ce qui faisait courir Xénophane de Colophon à *Élée!* Car qui est-ce qui aurait écouté Xénophane en Asie!

Toutes ces nuances, avons-nous dit, chaleureuses et enthousiastes, dans tous les *partis* qui se partagent la société, sont la même nature d'homme; elles ne sont séparées et distinctes que par des intérêts et des faits, en dehors de leurs *sentimens;* mais ces faits et intérêts sont des *produits* de principes faux, par la même et par cela seul; car une société fondée sur la vérité même, sur la nature des choses, chaque nuance ou grand caractère d'homme s'y trouve toujours réuni, les intérêts matériels, produits ou enfantemens de cette nature des choses, de cette vérité, étant toujours comme elle, c'est-à-dire *adéquates* à elle. En sorte que l'effet est conforme à la cause, au principe. Le matériel, le mobilier humain, conforme à l'idée fondamentale servant d'ame et de vie à la société. Dans ce cas donc, l'on peut dire avec vérité, que l'*ordre* ou le *monde matériel* d'une nation, est l'*expression* de l'ordre moral ou vital de cette nation, et que les plus riches y sont les plus vertueux; et réciproquement, que les plus vertueux et les plus clairvoyans y sont aussi les plus riches. Déjà, le problème dans ces termes, on aperçoit combien une société peut être éclatante, riche en possessions, parleuse, instruite en apparence, luxueuse, fastueuse même, et être pauvre de richesses pourtant, et malheureuse d'esprit ou d'ame, et par là de corps aussi. Car, à ne considérer que cette foule agissante, circulante, sur les boulevards, les places publiques, les promenades, où l'on ne voit que chars, équipages ou toilettes, on ne voit rien; puisqu'il peut arriver que plus de la moitié ou tous même, de ceux qui sont ainsi en voiture ou riches de parure, soient infiniment moins moraux et instruits, ou l'aient été moins que beaucoup de ceux qui sont à pied par nécessité, n'ayant pas d'équipages; et que malgré les renouvellemens, changemens et vicissitudes que la pensée remarque s'opérer constamment dans cette foule, tout cela se fait pourtant toujours plus ou moins à *l'encontre* de la justice, de la vérité, du mérite enfin. Or, c'est là l'avantage, l'immense avantage, le *mérite divin* de l'*ordre symbolique*, là où il est établi; puisqu'un *ordre* y est *l'adéquate* de l'autre. Les nations barbares, provenant originairement, par des migrans pauvres, des empires primitifs où cela était établi, et l'ayant vu et senti sans le comprendre ni pouvoir le réaliser chez elles, l'ont partout et toujours appelé *l'âge d'or*.

Cécrops vint de l'Egypte en Grèce plus de quinze cents ans avant le christianisme, pour l'y établir; les *Pélasges*, quoique pauvres encore alors par absence d'un grand mobilier humain développé chez eux, étaient beaucoup plus riches et plus heureux que leurs descendans au temps de Périclès, qui avaient alors ce grand mobilier; et *Cécrops* réussit en partie. Il *réforma le culte* en *rectifiant* le *dogme*, c'est-à-dire en donnant à ces malheureux, mais très-religieux encore, la *clef* du *culte*, l'*entente* de la *loi*; que leurs *ancêtres*, comme pauvres et par là ignorans, n'avaient pas exactement comprise avant leur départ des lieux de leur berceau comme colonie¹ (pour de nouvelles terres, terres sorties postérieurement à ces lieux du sein des eaux); et sa réforme aurait eu plein succès, non-seulement de son temps, mais pour les temps postérieurs et toujours, si les populations grecques n'avaient pas été en contact immédiat et rapports si répétés, avec d'autres barbares vers le *nord* et le couchant, plus et bien plus barbares qu'eux, qui venaient *défaire* constamment ce que le législateur de Saïs et ses fils faisaient; et, en outre, par la petitesse et le peu de profondeur de ces Pélasges, partout sur leurs petits *isthmes*, eu égard à la grandeur et profondeur des lieux de ces barbares venant casser leurs travaux. La réforme de Cécrops, ayant pourtant plus ou moins réussi dans toute la Grèce, moins l'*Arcadie* (à cause de ses montagnes et de ses bois), et les *Arcadiens*, par

¹ Comme ces Bavarois, ces Wurtembergeois, etc., qui, quoique suivant pleinement l'église orthodoxe de leur pays avant de partir, vont établir des religions dans les steppes de l'Amérique du Nord, où cette même orthodoxie ne se retrouve plus, sans mauvaise volonté pourtant de leur part; mais, parce que, hommes pauvres et ignorans, ne comprenant pas de science leur religion *mère*; ils n'ont pu la fonder exactement là. Or, la loi symbolique, par cela même qu'elle est l'expression de la vie universelle, elle était bien plus savante et bien plus compliquée, et aussi bien plus difficile à entendre toute. Mais aussi, quand on l'entend bien, on sait tout; et un grand théologien de la rêverie chrétienne, peut être et est presque toujours un ignorant et un imbécille sur les lois du monde.

leurs constans rapports avec les Crétois, ayant également empêché la salutaire réforme de pénétrer en *Crète*, l'ordre matériel qui se développa dans cette île, sur le primitif culte vicieux qui y était établi, venant partout jurer contre les sympathies et natures des hommes, conduisit bientôt à faire sentir à un chacun, comme nous l'avons dit en tête de cet écrit, que l'art de la vie ne pouvait plus être et n'était plus que *l'art de tirer son épingle du jeu.* Le Crétois devint le *menteur* par excellence grec ; et alors le proverbe : *menteur comme un Crétois,* s'établit dans toute la Grèce !

Ce furent ces beaux temps de la *réforme* de *Cécrops*, ce *presque âge d'or,* qui en fut pendant plusieurs siècles le résultat, qui inspirèrent Homère, Hésiode, etc.! Ce sont les rationalistes et les éclectiques, qui ont dit que la poésie était morte ! qu'elle n'était qu'aux temps ténébreux des empires et non aux temps de leur savoir ! Ah ! cela est, et sera bien certainement vrai, s'ils règnent toujours !

La nuance *enthousiaste,* dans tous les partis, est une des trois grandes manifestations divines dans l'espèce humaine, et la plus *auguste ;* parce que, par cet enthousiasme même, qui n'est qu'un effet, elle est plus vivante, plus poëte (ce ne sont pas une foule de rimailleurs rationalistes du jour qui sont les poëtes !) plus en rapport avec la divinité que les deux autres, et que, saturée de l'*ame divine,* c'est celle-ci même qui *déborde* en elle. Aussi, les enthousiastes sont-ils toujours miséricordieux, oublieux de soi et des injures, sans fiel, gais, lians, aimans, sympathiques ; même sans aucune culture, ils sont plus profonds distinct que les *théologiens* cultivés [1], et infiniment plus profonds que les hommes des deux autres et dernières nuances ou manifestations. Sentant donc la vie dans le monde, et *l'y voyant même des yeux physiques*, tant, par ce torrent d'amour qui est en eux, ils sont *identiques* avec elle, ils ne sont *absolus en rien;* voyant que tout est *relatif, lié* et *harmonique dans l'univers*, ils savent et sentent que celui-ci seulement, pris dans son entier, *est absolu*, mais absolu non du tout, *un, confus, sombre et mort*, des stoïciens; mais absolu vivant de la vie même : c'est l'*existence infinie*. Ils sont tolérans au suprême degré, mais d'une tolérance intelligente, connaissant l'ordre universel, ayant toujours son *échiquier* ou *image dans l'esprit*, ils savent en quoi ce qui se dit ou se fait est conforme ou écarté de lui; et tant qu'ils voient que l'*infraction* n'a pas été *voulue*, et ils lisent dans les ames par l'inspection des traits, eux! (et non en les mesurant avec le compas comme cette tourbe d'ignares et athées phrénologues du jour), ils reprennent doucement et tolèrent; mais quand il y a eu intention ou méchanceté intérieure, alors, ou c'est une première ou encore des premières fautes, et ils reprennent plus ou moins doucement; ou c'est une nouvelle preuve de cette perversité déjà con-

---

[1] Théologiens, hommes de leur même nuance, qui sont leurs conseils et modérateurs obligés; non cela pour leur donner des idées, car ils en ont plus qu'eux; mais pour les forcer à réfléchir avant de donner l'ordre de faire.

statée antérieurement chez l'individu, et alors, *que le misérable expire!* Ils disent, et il expire en effet. Mais tout cela se fait, non sur une fantaisie arbitraire d'eux, mais en exécution de la loi, qui n'est autre chose que l'histoire, non un *bout d'histoire* comme ce qu'ils ont ici, mais l'histoire depuis la nuit des temps, réduite en une série de préceptes ou prescriptions sous le *format d'un code ;* mais histoire et code qu'ils savent, eux, sans en lire les feuillets. — Le tribunal applique la loi : ce tribunal est composé des hommes à nature théologique, mais toujours couronné ou présidé par l'homme *brahmanique.* ou *mandarin politique,* qui, plongeant plus profondément que ses confrères dans le regard des témoins, de l'accusé ou des accusés, sachant mieux qu'eux interpréter le son des voix, les contenances et les gestes, etc., et, par là, saisir la vérité ; à chaque point qu'il voit, il montre, démontre et convainc ses confrères ; et alors, selon tout cela, le tribunal est doux ou sévère. Jamais dans l'ordre symbolique on ne se trompe ! Et on voit *s'écouler* des mille et deux mille ans de temps, pour voir appliquer une punition d'infraction qui n'aurait pas encore été avouée par son auteur ! Mais là, jamais il n'est question de chicanes civiles ! Les procès civils y sont ignorés.

La nuance enthousiaste est la nuance brahmanique ou mandarine politique. Dans cette nuance, il y a, comme dans les deux autres, des hommes faibles et des hommes forts. Mais faibles comme forts leur nature est toujours la poésie et l'amour. Tels de ces hommes, quoique poëtes, ne vont pas *jusqu'aux pieds de Dieu*, comme tels autres. Ceux-là sont présidens pour les petites ou de petites infractions : chefs comme des maires d'ici aujourd'hui, qui sentent un peu la vie universelle et qui pourraient l'appliquer; comme seraient des chefs administratifs de canton, ayant *action gouvernante* sur toutes les communes ou villages du canton; comme seraient des sous-préfets ici aujourd'hui, qui la sentiraient et auxquels les lois présentes permettraient de gouverner l'arrondissement comme ils sentent ; comme seraient des gouverneurs de villes médiocres ou ordinaires ; comme seraient des préfets; des grands préfets, des généraux en chef, des grands généraux ou maréchaux d'armées, des gouverneurs de toutes grandes villes, etc.; tout cela selon les échelons de leur amour ou profondeur.

Toute cette nuance, avons-nous dit, dans les divers partis, est identique en sentimens ; ce sont seulement des circontances d'intérêts matériels et de naissance qui les divisent (de naissance ! parce que, par l'ignorance des lois rationalistes de l'Occident, les ignorans créateurs de ces lois, ont senti qu'ils ne pouvaient se passer de la naissance comme ordre successif dans les fonctions politiques ; ces lois et eux ont alors obscurci une foule d'intelligences qui partent et comptent par là leur naissance comme un principe). La *Bible* et le *rationalisme* en ont fait ce qu'on les voit. Mais, qu'elles y comptent bien, se le persuadent bien ! le gouvernement du monde, dans tout l'Occident, leur appartient. Et cela, *sous-en-*

tendu, sans renversement ou *déplacement des dynas-ties,* ou il faudrait que celles-ci ne comprissent rien de la lumière et se perdissent à plaisir. Mais il leur appartient, non comme propriété, mais comme chargé de Dieu qui le veut. Aussi! elles n'ont de plus nobles formes! tant d'éloquence! la parole plus rythmique, poétique et musicale! des attitudes plus dignes et tant de majesté! que pour cela aussi! Le monde dans leurs mains, c'est la vie universelle régnant, c'est-à-dire, Dieu qui, ayant fait et faisant la lumière qui anime les choses, c'est la lumière se gouvernant. Rien de plus doux dès lors, de moins pesant, de plus élastique, de plus poétique et enivrant! Les autres sous-nuances de cette manifestation, sont les hommes froids ou théologiens, à tous les degrés : toutes ces ames, éclectiques carlistes, éclectiques doctrinaires, dog-matistes républicaines, scientfiques, anarchisées, perverties et rendues sans aucun amour ni miséri-corde, juristes, économistes, etc., du jour, tout cela appartient à la *nuance brahmanique synthétique, vi-vant* de la *pensée* et non des *actes; touchant,* à degrés divers, les *choses* de la société, seulement par *leurs rapports,* et non *des mains.* Toutes ces sous-nuances, ou théologiens, dis-je, sont, comme conseillers et compagnons, inséparables des *prêtres, mages* ou man-darins; mais le simple changement que ce *casement intelligent des hommes* opère, quant aux résultats, est si grand, que cet ordre aveugle, anti-poétique, fatal, impie, qu'on a sous les yeux, serait à l'instant même remplacé par l'intelligence ou la vie même :

c'est-à-dire un *règne parfait de la justice*, et où vous reverriez en moins d'une génération, des *poëmes* et des *odes*, qui rivaliseraient avec ceux que nous a laissés et indiqués l'antiquité : la poésie redeviendrait tellement la voie, la langue vulgaire, pour ainsi dire, que jusqu'aux romans et aux lois seraient en vers, et en belle poésie. Mais ce serait une erreur de croire que par ce règne ainsi de la poésie et de la synthèse, *le particulier, le distinct*, de l'homme et des choses, c'est-à-dire, dans le domaine du savoir actuel, toute cette branche dite des sciences, seraient ignorés ; qu'aux temps d'Homère, en Asie, par exemple, il n'y avait que ces généralités poétiques qu'on lit dans ses œuvres, pour toute connaissance et occupation des ames. Il y avait toutes ces recherches, travaux ou collections d'observations sur la *terre* et la *nature*, que nous avons et que nous appelons sciences. C'étaient, et ce sont toutes ces sous-nuances de l'*ame brahmanique* plus haut, qui s'occupaient de cela. Il n'y aurait, ni industrie, ateliers ou arts, sans ça. Mais les *Pélasges*, nouveaux arrivés sur les *isthmes* de la *Grèce*, pauvres, et ignorant les *langues asiatiques*, ne purent savoir de l'Asie que le *langage*, que le *savoir* qui *voltigeait jusqu'au-delà de la frontière* : c'était le langage des dieux, la poésie. Or tout l'Occident présent se rattache aux Pélasges : il en descend entièrement pour le savoir. Voilà pourquoi il a tant ignoré le fond, la vie intérieure de la société asiatique antique, comme de celle présente de l'Asie orientale, et l'ignorerait éternellement, sans, d'un côté, les nombreux voyages , travaux géographiques , toutes ces innombrables découvertes, de cités, de ruines de cités et d'objets d'arts et d'industries , trouvés dans icelles et ces contrées, depuis deux cents ans ; et de l'autre, sans la faculté vivante, de *seconde vue*, et synthétique des *ames brahmaniques du jour* , qui, *elles , entendent à demi-mot*, voient des yeux de l'esprit assez pour la lui montrer maintenant clairement.

—

NOTE.

« Il ne faut pas croire que cette *dualité-là* soit une création de mon esprit ; elle est dans les résultats de tous les événemens politiques et religieux qui se passent sous nos yeux. On se rappelle qu'il y a quelque temps (*ceci s'écrivait en septembre* 1833), un individu fut traduit en police correctionnelle à Orléans pour exercice illégal de la médecine, pour avoir traité des malades par le *massage ;* or, l'auditoire, en curieux et témoins, présenta le plus singulier spectacle : c'était, d'un côté, une foule de toutes conditions et de tous sexes! venant déposer qu'un tel (l'inculpé) les avait pris à une époque où ils étaient, les uns, tout-à-fait abandonnés des médecins, les autres, considérés par ceux-ci comme presque incurables, et qu'après quelques séances, quelques soins par lui donnés , ils se trouvaient mieux, se trouvaient presque bien , se trouvaient guéris tout-à-fait, etc.; et leurs dépositions étaient claires, naïves, candides comme la vérité. « Mais pourquoi, disaient à tout instant juges et ministère public, avez-vous eu recours à l'inculpé?—C'est parce que j'étais malade, répondaient-ils, et que mon médecin, ou les médecins dont j'avais d'abord réclamé les soins, ne connaissaient rien à ma maladie, que je souffrais horriblement ou que je déclinais de jour en jour et me voyais près du tombeau. —Mais, c'est un charlatan, un homme sans *études* ni *brevet?* —Je n'en sais rien; cela peut être; mais ce que je sais bien, c'est que j'étais malade alors, près de mourir, et que je me porte bien aujourd'hui. — Cela serait encore égal et n'arrêterait pas la justice, disaient les juges : l'inculpé s'y prenait-il *décemment?* ne vous causait-il pas des *sensations voluptueuses?* — Mais, dit la mère qui là derrière sa fille interrogée, Monsieur, j'étais avec ma fille, j'étais présente pendant que Monsieur un tel traitait ma fille, et ne l'abandonnais jamais d'une minute. — J'ai toujours assisté aux frictions que Monsieur que voilà a bien voulu faire à ma fille, qui était abandonnée des médecins et perdue, et que Monsieur m'a sauvée, dit un honorable vieillard, conseiller de préfecture du Loiret. — Mais, dit le docteur de celui-ci, le *massage* est un moyen connu de la médecine ! — Pourquoi donc ne l'avez-vous pas employé? » répond énergiquement le père, pui était inconsolable de la maladie de sa fille, et le médecin ne répondait rien.

Or, voyez ces athées *pris en flagrant délit d'ignorance des lois de la nature!* ne voyant que des *os et des muscles*, et agissant *abstractivement* avec des drogues; matérialistes cyniques en grande majorité, et ne traitant l'homme que par la matière, ils ont tué plus de trois milliards d'individus en Europe depuis quatre cents ans.

Mais ces juges, de leur côté, pourquoi donc *s'inquiètent-ils* tant de la manière dont l'inculpé s'y prend pour faire revenir tant de gens de la mort à la vie? Pourquoi !

Parce que le dogme religieux ayant, faute de comprendre la création, réprouvé une grande partie des lois de cette création , les attribuant au *mauvais principe , au démon* (voyez toutes les discussions de *saint Augustin , des pères dits de l'Eglise, etc., avec les néoplatoniciens*), ayant réprouvé l'amour, et ne l'ayant que toléré par l'impossibilité de le détruire , il imposait la pénitence à qui enfreignait ses préceptes touchant cette partie des lois de Dieu ; et *que les légistes,* tout en cessant de croire au fond, étant venus à traduire les règles de l'Eglise en articles de lois , ont transformé les pénitences en *galère et en prison.* En sorte que l'on voit se reproduire encore là cette dualité qui assassine l'Occident : dans le moyen-âge, par les prescriptions de pénitences et jugemens des officialités ignorantes des prêtres ; et depuis la réforme , là où elle n'a pas été proclamée officiellement, comme là où elle l'a été, ayant en réalité partout produit le même effet en Europe, par les légistes et prétendus philosophes. Avec ce *dogme* donc, et ceux dont *il fait l'éducation,* toujours *bascule, lutte* et *proscription :* sous la main de l'Eglise ou de la Restauration, *exaltation* hors mesure des intelligences poétiques, mystiques et nuement spiritualistes, mais étroites, ayant été élevées par lui ; et proscription des intelligences rationnelles, abstraites, positives : *Saint-Martin , Rémusat* et autres, élevés jusqu'à M. de Polignac et à la coterie ; repoussement de M. *Sylvestre de Sacy, Letronne et autres ;* chute de la Restauration ou de l'Eglise ; exaltation du *philosophisme,* et élévation de M. Letronne, de M. Sacy, qui pérore depuis lors dans toutes les occasions pour l'ordre philosophique présent , et haine de l'élévation , de la véritable grandeur de la sympathie et de l'amour. Or, dans *toutes* les *autres directions* de *l'atelier social,* c'est la

même chose. Et dans les religions chaldéennes, égyptiennes, phéniciennes et ioniques, ces deux élémens ou
attributs de l'ame universelle se manifestant en *l'espèce
humaine*, étaient couronnés d'un troisième, de l'élément
religieux symbolique ; c'est-à-dire du sentiment de l'élévation, de la généralité, de la tendresse et de l'enthousiasme ; de la lumière et de l'amour enfin, pour parler
comme les lettrés des empires de l'Est. Or, en Asie
orientale, quand il faut un *vice-roi*, un gouverneur de
province, d'une ville de premier ou de second ordre, on
prend le *jeune poëte, qui a brillé par ses compositions et
ses discours dans les grands concours* de l'empire, ou le
général en chef, qui est là en non-activité pour le moment,
et qui, l'un et l'autre, par la beauté de leur imagination,
les *facultés généralisatrices* de leur esprit, saisissent avec
la vitesse de l'éclair, en passant en char, en litière ou à
cheval, sur les places publiques ou dans les rues, à travers
les flots de la population, les sentimens qui animent cette
population, l'opinion générale, et qui, rentrant dans leur
palais, et prenant conseil de réflexion et de prudence des
théologiens ou hommes de froide raison (que l'ordre politique ne manque jamais de leur donner), ils vont, deux
heures après, faire proclamer et afficher par la *Gazette* du
gouvernement, des *actes et mesures* qui rendent *si parfai-
tement* ce que l'immense majorité pensait, sans pouvoir
même, chez beeaucoup, se l'expliquer, qu'ils mettent les
populations dans la même *extase de bonheur*, que si elles
tombaient du ciel. Dans ces pays, et dans l'antiquité, la loi
religieuse, admettant à juste titre des ames supérieures et
inférieures, des trônes et des dominations, on divinisait et
on divinise ces hommes comme des demi-dieux. Et une
caste de mauvais rationalistes, voyant d'autres méchans

rationalistes gouverner aujourd'hui des populations par la lecture de codes et textes fabriqués par des ignorans, les contrarier, les assommer, les faire se suicider ou mourir d'apathie en les *ruinant*, crient au fanatisme et à l'ignorance de ces peuples antiques ou lointains, sur le compte de leurs héros ! parce que, dans leur méchante et étroite cervelle, ils ne voient, ne sentent que ce qu'ils peuvent toucher des mains et des yeux physiques, et non voir dans cet univers la vie qui le meut, et dans l'homme l'âme qui l'anime ! ce que, dans l'Asie et dans l'antiquité occidentale, avec les idées généralisatrices sur Dieu, l'homme et le monde, qui y étaient reçues, on sentait très-bien ! Voyez donc toutes ces sottises matérialistes, phrénologiques et autres, qui feront que, si les hommes forts et religieux ne s'entendent bientôt pour saisir et arracher des mains de cette tourbe, le timon du monde, il sera perdu pour toujours ! . . . .

. . . .

Comment donc ne voit-on pas que la *pensée fondamentale* de *l'ancien comme du nouveau testament*, avec tous les *prophètes*, ne comporte qu'une société pauvre, sans *arts*, sans *luxe*, dont les populations sont *disséminées* et tout *au plus agricoles !* sans *bien-être* physique ni aisances mobilières, telles qu'étaient et sont encore aujourd'hui les tribus pour lesquelles ces lois ont été faites ! Il y a de belles choses dans la *Bible*, mais pour qui connaît les institutions des nations antiques qui entouraient l'*Arabie déserte*, il sait qu'elles ont été prises par Moïse, Aaron, David et son fils, *des codes* de ces nations. Et si la *Bible est parvenue jusqu'à nous*, cela tient au genre de vie des tribus israélites, qui, divaguant d'une *oasis* à une autre, avec leurs troupeaux, et couchant sous de simples tentes, avaient le *désert*

7*

pour *refuge* contre l'ennemi, où elles se retiraient toujours avec leur livre. Il n'en était pas de même des nations agricoles et commerciales *assises*, de l'Egypte, de la Chaldée, de la Phénicie; chez ces dernières, toutes agglomérées dans des villes et des bourgs, ayant maisons en maçonneries, *temples religieux* de même, dans les sanctuaires desquels étaient déposés les *livres de la loi*, toute invasion de l'ennemi faisait *sac :* la fureur guerrière des populations *hyrcaniennes, caucasiennes* et *scythes, et mèdes du Nord*, qui ont plusieurs fois envahi l'Égypte et l'Assyrie, en incendiaient les villes et exterminaient les habitans. Or, dans ces circonstances, les livres religieux de ces peuples étaient presque toujours perdus. Il n'en était pas de même pour les Juifs ; car, qu'une famille ou tribu fût vaincue ou surprise et pillée par l'ennemi, comme il y en avait bien d'autres familles, à vingt, à quarante, à cinquante, à cent, à deux cents lieues dans les oasis d'un désert grand comme l'Europe, ces dernières familles ne l'étaient pas et procuraient une nouvelle copie du livre de la loi à la tribu ou famille qui avait perdu le sien. Il y a dix mille à parier contre un, que, lors de la prise de *Jérusalem* par *Nabuchodonosor*, et l'envoi en captivité des Juifs du royaume de *Juda*, ainsi que lors du *sac* de cette même ville par les légions de *Titus*, le livre fut perdu, mais rétabli par les familles du désert, que ni les *Perses* ni les *Romains* n'avaient toutes vaincues. Cette restauration même, attribuée à *Esdras*, n'est pas autre chose : Esdras, ayant à faire ou faire faire une nouvelle copie, fit des rectifications, corrections et coordinations à la *loi*. D'ailleurs, quant à cette dernière ruine de Jérusalem par les Romains, le livre des Juifs aurait été entièrement perdu, qu'il ne nous serait pas moins parvenu, puisqu'on avait la *version des Septantes,* dressée trois cents ans auparavant sur l'ordre de Ptolémée Philadelphe. Mais on n'a pas fait attention à l'influence qu'exerce la géographie sur l'ame humaine : dans le *désert*, l'homme pauvre et isolé est mystique ; la nature pour lui étant ingrate, il rêve à une autre vie, et s'en fait tout de suite une théorique et d'imagination qu'il prend le lendemain pour une révélation du ciel. Toutes les idées qu'il se fait *sur Dieu et le monde* sont abstraites ; car se les faisant *à priori*, en l'absence de toute observation des phénomènes de la nature, des combinaisons de l'intelligence universelle qui anime l'univers, avec la matière, tout étant immobile autour de lui, il ne peut voir que Dieu est la lumière, et que cette lumière remplit le monde et combat sans cesse (non d'une lutte de guerre, mais d'amour avec la matière ; et *Anquetil Duperron* avait très-bien vu, dans son *Étude des lois de Zoroastre*, ce point important, qu'*Oromaze* n'était point en guerre, n'était point l'ennemi d'*Arhiman*, mais, d'un sexe à l'autre, son amant), où est sans cesse en action pour expulser les ténèbres ; c'est-à-dire pour l'animer, la modifier, la modeler sous mille et mille formes variées, l'éclairer enfin. Or, pour connaître ces actions, il faut vivre ou avoir voyagé dans des pays où les symboles soient nombreux, où l'industrie, les arts et les sciences mettent sans cesse des substances diverses en présence et en contact avec d'autres substances, parce qu'alors les phénomènes se présentent. Prenons un exemple : Les Chaldéens, les Égyptiens, dont le culte était symbolique, observaient les faits aussi bien qu'on le fait aujourd'hui ; tous les produits d'arts et d'industrie qu'on a trouvés *depuis deux siècles* dans les ruines de leurs cités et nécropoles, le prouvent incontestablement ; seulement, ils les observaient avec une pensée religieuse, tandis qu'on les observe aujourd'hui avec une pensée d'athéisme. Or, avec les connaissances qu'ils avaient touchant les lois universelles, le renversement, par exemple, de *Lisbonne* par un tremblement de terre, en 1755, la ruine et l'enfoncement sous les eaux de la ville de *Messine*, en 1704, je crois; l'enfoncement de peut-être cinq cents lieues carrées de terrain qui a eu lieu en 1819 aux embouchures de l'*Indus*, contre la *mer d'O-man*, et qui a porté la mer là où elle n'allait jamais de mémoire d'homme, et mis en forme d'île les ruines d'un vieux temple *bouddhique*, auparavant à *sec*, aujourd'hui formant rocher aux vagues qui brisent contre lui; ces bouleversemens tout *récens* de la côte du Chili. Toutes ces choses se seraient passées sous leurs yeux, qu'ils les auraient, à peu de chose près, envisagées comme on le fait de nos jours. Eh bien! voyez, de quelles jérémiades et déclamations la formation de la *Mer-Morte*, par un pareil enfoncement antique, la ruine des cités de *Sodôme* et de *Gomorrhe*, qui se trouvaient édifiées là, n'ont pas été l'objet dans la bouche et la pensée du peuple hébreu! et celle des vrais chrétiens, c'est-à-dire des ignorans qui n'ont pas d'autre foi que cette loi, encore tous les jours!

D'un autre côté, pourquoi cette haine des idoles chez le peuple juif, contre les autres nations? Pourquoi! parce que ne pouvant, par sa pauvreté et nécessités ambulantes, avoir de villes bâties, de *temples* en *architecture*, de *statues* pour les décorer et compléter, il est *toujours furieux que d'autres en aient;* contre les Phéniciens, les Syriens, les Egyptiens, les Chaldéens, nations agricoles, commerçantes et riches, mais symboliques, c'est-à-dire *très-religieuses avec cela;* à la différence de la richesse des nations anglaise et française, et autres peuples modernes, qui, en sortant de l'église pour échapper à la pauvreté qu'elle systematise forcément par son dogme, comme on l'a dit plus haut, pour reprendre les allures commerciales et d'arts, *grecques* et *ioniques*, l'ont fait forcément à leur tour par l'athéisme.

Pourquoi le *schisme* de *Samarie*, les discussions et cris continuels de *Juda* contre les *dix tribus?* Parce que le royaume d'Israël, *voisin*, en *contact*, avec les Phéniciens, avec *Tyr* et *Sidon*, et une foule d'autres cités dont la Syrie et l'Assyrie, avec lesquelles il faisait le commerce, étaient couvertes, il en avait pris en grande partie les mœurs, et que pour lui une *statue* n'avait rien d'*impie*, et que la symétrie et harmonie de ses formes flattaient les yeux. D'ailleurs, ne sait-on donc pas qu'il y avait sous cette *proscription* des *idoles* une *grande pensée politique* des chefs et princes israélites? En admettant les idoles, c'est-à-dire les beaux-arts sous une forme et manifestation religieuse, comme cela avait lieu chez les nations circonvoisines, toute intolérance par *similitude* de *pratiques* disparaissait à l'instant de chez les Hébreux, et comme, quelque pussent devenir les richesses et la splendeur des arts chez eux, ces *princes* et *prêtres* savaient que ce serait toujours fort misérable auprès de ce qui existait sous ce rapport, sur les rives du Nil et à Babylone, à Suze, Ecbatane, Tyr, Sidon, etc., que des *émigrations* incessantes de Juifs, chez ces nations, allaient s'ensuivre; or, en perdant leurs sujets et fidèles, ils perdaient des impôts et des offrandes. Ils faisaient donc crier contre les idoles!

S'il en fut autrement sous Salomon et David, ces princes ne le firent qu'en violant en mille points la loi; violations que leur génie vraiment gouvernemental sut pallier au peuple hébreu, en le tenant dans un enchantement continuel : ce qui leur permit, d'un autre côté, de se donner à lui comme des *successeurs* de Moïse et des envoyés du *Seigneur*, libres par conséquent de tout texte écrit.

Par quelle déplorable aberration peut-on donc, on ne saurait trop le répéter, abaisser, quant à la civilisation, au sentiment religieux, à la loyauté civile, à la beauté sociale, la nation chaldéenne, par exemple, au-dessous de quelques *tribus juives*, sales, stupides et astucieuses du désert? Voyez donc toutes ces magnifiques villes de la Chaldée! L'immensité et la beauté presque sans pareilles de Babylone! de Babylone qui, bâtie sur les deux rives de l'Euphrate, est traversée par le milieu par ce fleuve qui est magnifique là où elle se trouve! des rues droites au cordeau, des maisons à *quatre étages*; toute rue de traverse tombant perpendiculairement sur le fleuve, et ayant au bout *grillage* et *porte de fer*, fermant la nuit un grand escalier, à degrés doux, qui descend jusqu'au niveau l'eau; quais en superbe maçonnerie bordant les deux rives de la rivière, dans tout son trajet au travers de la ville *magnificence*, étendue et richesse des temples, *universalité et spiritualité du culte: Jupiter* là n'est plus *un Dieu né d'un héros homme*, comme à Samos, à Athènes, à Halycarnasse, à Sparte: c'est la circonférence du ciel, c'est-à-dire, l'*infini;* le soleil, la lumière, choses, ou toutes matérielles ou toutes abstraites, pour un Athénien, un Eréthrien, un Lacédémonien, sont là l'objet d'une adoration méritée et prouvées *saintes* aujourd'hui, par les travaux physique, astronomique et physiologique. Quant à la population, elle est magnifique de beauté, de propreté, d'élégance. Pas un exemple de *parricide* ne se rencontrera dans ses annales [1]; et si un fils y a été accusé

[1] C'était en partant de là que *Solon* n'avait pas voulu le suppo-

d'avoir tué son père, on a trouvé qu'il était enfant supposé ou enfant adultérin. Quiconque sacrifie, tenu de prier, non-seulement pour lui, mais pour le roi et la nation entière, qui se croit l'institutrice de toutes, dit Hérodote, et par conséquent pour toutes les nations ; jamais condamnation à mort pour un premier crime ; jamais coups du maître sur son esclave ou domestique, car la patriarchie du gouvernement et du maître, fait domestique ce que nous appelons aujourd'hui esclave (et, parce que chez des *bêtes feroces* comme les Romains, et *autres barbares* hyperboréens divaguant dans les bois sans lois, ces misérables les vendaient à l'instar des bêtes, c'est-à-dire jusqu'en les dépaysant, et les assommaient souvent, nous croyons qu'il en était de même partout et que le mot esclave avait dans toutes les langues la même signification ! Cette énorme et atroce erreur provient de ce qu'on ne lit ici jamais l'histoire *qu'en ligne droite*, en *longueur*, dans le *Temps*, quand il faudrait la lire en même temps en *largeur*, *synérétiquement*, dans l'espace), jamais maître, dis-je, ne frappant son esclave pour une première faute, et même pour fautes multipliées, n'ayant pas le droit de rendre sa punition atroce ; ne parlant jamais en public que de choses faisables en public, ne faisant et ne jetant jamais de choses sales dans les *fleuves* et *eaux courantes* ; respect de tous pour l'homme marié père de famille, mépris des faiseurs de dettes, etc., etc., etc. ; chemins nombreux et solides, campagnes sillonnées de canaux, nombreuses machines

ser dans ses lois ; mais l'anarchie et la dépravation sociale à Athènes, provenant des incohérences du culte, l'en firent bientôt repentir ; car il s'y trouva des *êtres* assez pervers pour attenter aux jours de leurs pères.

hydrauliques pour élever les eaux et en fertiliser les terres, l'*Euphrate* ne les submergeant pas périodiquement comme le *Nil*; riches et abondantes moissons; *hiérarchie des rangs, des conditions et des honneurs, sans* HÉRÉDITÉ POLITIQUE SYSTÉMATIQUE. Et si on y vend les jolies personnes, du prix on en forme des dots pour faire trouver des époux à celles qui sont moins bien favorisées de la nature; et encore on ne les vend qu'à la condition par l'acheteur de les épouser, sinon on lui rend son argent. Mais il y a ici une observation à faire sur cet usage, sur ce mot *vente*, qui est le sujet de tant de déclamations depuis l'arrivée des anciens ouvrages grecs en Occident. Par le culte symbolique de l'antiquité, et l'organisation du gouvernement de la terre sur l'imitation des créations divines, et l'harmonie des mouvemens des cieux, toujours dans les sociétés, la conscience universelle y était prise à juste titre pour la volonté de Dieu. Dieu ne descendant pas en personne isolée sur la terre pour parler à la terre, mais toute la terre le proclamant, *jamais faction* ou *parti* ne pouvait dominer en fondant son droit sur *une abstraction*, comme celle, par exemple, d'être *né* de *tel* et *tel*, plutôt que de *tel* et *tel*, *s'il n'y joignait* en même temps le *talent* et tout ce qui *constitue* la supériorité, c'est-à-dire, le *génie*, les *vertus*, la *beauté*, la *grâce*, la *grandeur*, l'ordre intellectuel et moral dans ces sociétés, se trouvait toujours être l'expression de l'ordre matériel, et réciproquement l'ordre matériel l'expression de l'ordre moral; en sorte que les plus moraux et les plus dignes, se trouvaient être les plus riches, et que les plus fortunés s'y trouvaient être les plus instruits et les plus vertueux. Or ceux qui avaient le moyen d'acheter et qui achetaient ces jeunes personnes, se trouvaient tout bonnement être ceux qui,

dans la société moderne, leur feraient la cour et les ob-
tiendraient de leurs parens. Mais la preuve que cela était
ainsi (hors pourtant quelques rectifications touchant ce
point, et celui du sacrifice à Vénus Uranie, opérée par
Zoroastre dernier), c'est que, quand l'harmonie sociale
fut renversée ou même altérée à Babylone et dans toute
l'Assyrie, par les armées mélangées de Scythes et d'hommes du Nord, des successeurs de Cyrus, la coutume disparut. En effet, si elle eût été maintenue, une société
dès lors ou déjà en confusion, les rangs et les conditions
intervertis, les places couvertes d'une *soldatesque enrichie
par le butin*, celle-ci aurait pu enlever (comme aller jeter
sans aucune moralité, et par un sentiment purement *cy-
nique*, au contraire, sa pièce d'argent sur les genoux de
la première demoiselle venue, pour le sacrifice à *Uranie*),
de jeunes personnes qui, par leur éducation et leur caractère, n'auraient eu rien en rapport avec cette soldatesque, et par là devenir malheureuses ou être violentées.
La coutume ou loi disparut donc.

Nous avons déjà fait voir l'influence de la géographie,
et de la géographie physique sur l'ame humaine, et l'immense erreur d'avoir voulu et de vouloir encore aujour-
d'hui fonder sur la *pensée biblique*, les sociétés de l'Europe,
cette contrée étant couverte de populations, de cités, de
grandes routes, de canaux, et bordée de chantiers et ports
de mer ; agricole, industrielle et commerciale au plus
haut degré ; riche, luxueuse, brillante, passionnée pour
les lettres, les sciences et les arts, *sur un code fait pour
quelques tribus errantes, pastorales et pauvres, sans lettres,
luxe, ni presque de communications individuelles possibles
avec les autres nations ;* mais il faut y revenir, et montrer
ces luttes incessantes de *Juda* contre *Moabe*, contre *Ma-*

dian, et leurs idoles, peuples en rapport, par la *Mer-Rouge*, par *Pathumos*, par *Erythrébalos*, avec l'*Egypte*, avec les tribus du midi ou pays de l'*encens* et des *parfums*, les ports de mer et villes de l'Arabie-Heureuse; en rapport, par la mer *Erythrée*, avec les Assyriens et les Indiens : le mysticisme continuel, l'abstraction ignorante, vide et guerrière de l'Arabie déserte, aujourd'hui *Nedjed*, et leurs éternelles plaintes contre les nations riches et commerciales, avant la domination romaine, sous les Romains comme après. — Et d'où venait, qu'elle fut la cause de cette confusion infernale, de cette anarchie, de cette filouterie, de cette avidité et mauvaise foi universelles et inouïes de la *Judée*, qui se termina par le *sac de Jérusalem* sous le commandement de Titus? De l'ignorance, de la pauvreté de cette *loi*, pour l'organisation de tout ordre de société, de son opposition avec toute aisance de la vie, commerce, agriculture, agglomération de populations ; toutes choses produites et activées par l'influence diamétralement opposée du *principe mythologique* symbolique romain, très-misérable et incohérent, sans aucun doute, auprès du dogme et culte symbolique de l'ancienne Chaldée et de l'ancienne Egypte, dont il était une dérivation imparfaite, mais pourtant favorable à l'industrie, à l'agriculture, à la *modelation* de la matière, à la création des richesses mobilières, des arts et par là des *symboles*. Or, deux principes aussi contraires, marchant chacun dans son esprit, firent tout de suite l'effet des deux lignes de l'*angle* qui, partant d'un même point, arrivent bien vite à ne se plus voir. D'un côté, chez les uns, pensée d'*instinct*, sinon de *science*, que qui ne s'*aide* pas *Dieu* ne l'*aide* pas ; que quand on est bien nourri, c'est-à-dire, nourri de bonnes choses, on a plus de vigueur de corps et d'énergie d'ame, que quand on est dans le besoin ; que les richesses, les arts, l'arrangement des couleurs, la symétrie des formes, l'harmonie des tons ou sons, procurent des joies, des plaisirs ; ils se mettent à s'agiter, à travailler, à commercer, à produire ; et comme il ne se peut qu'il n'y ait bien vite *septicisme* et *athéisme* dans une société où des *conceptions théologiques s'entre-combattent*, et *se nient*, bientôt le travail est *remplacé* par la *ruse*, par la mauvaise foi, par l'astuce : la déloyauté *met* dans son camp tout ce qui est ignorant, mais ambitieux et cupide ; lettré, mais sophistique et superficiel ; de bon ton, mais épicurien et égoïste ; dans l'autre, tous les cœurs simples, mais droits, tous les hommes instruits, mais froids, dogmatiseurs et abstraits ; qui croient en Dieu, mais qui le prennent pour une abstraction rationnelle, froide et morte ; qui le sentent, mais se le représentent sous la forme d'un homme, d'un chef d'armée, bon, doux, pacifique, s'ils sont heureux et contens ; mais méchant, vindicatif, sanguinaire, implacable, s'ils sont malheureux et souffrans. Passent encore dans ce camp-ci, tous ceux qui pensent à des choses justes, qui les désirent, mais sans faire d'actes, et qui se *croient justes par là ;* tous ceux qui croient à une action extérieure de la Providence, et qu'elle va faire pour eux : que le *rusé* qui est là et là, que les *filoux* qui dupent ici et plus loin, sont l'*objet unique* de sa vigilance, et qu'elle va les *châtier* au premier jour, en les *épargnant* et *exaltant, eux.* Mais la Providence n'étant pas ce qu'ils s'en font en idée ; l'univers, le ciel et les sphères qui le peuplent, n'étant pas selon l'*idée biblique*, très-inférieure sur ce point comme sur tous les autres, aux pensées chaldéennes et égyptiennes, etc., faits pour la terre et l'homme sublunaire qui l'habite, mais parce qu'ils sont, qu'ils sont pour les plaisirs de l'intelligence infinie, et parce que cette intelligence le veut ainsi. L'anarchie et l'immoralité continuent leur chemin, jusqu'au terme où, dans l'esprit de beaucoup, les *peines* de l'*abstention* sont plus *fortes* que celles résultant d'une *lutte ouverte :* alors quelques-uns prennent les armes, la tourbe des fripons et des ignorans crient, courent pour se sauver ou en prendre, pour se défendre ; et au milieu d'un confusion universelle d'*actes*, résultant d'une universelle confusion et dépravation de *pensées*, quelqu'un crie : C'est l'étranger, c'est le *Romain* qui est cause de notre misère, de notre malheur : à mort l'étranger ! Et le peu qu'il s'y en trouve dans le moment sont éventrés. Mais des courriers partent, et César averti envoie des légions dignes et braves, mais, elles comme lui, incapables de comprendre les choses morales, et que la collision des rapports intellectuels a d'abord enfanté cette collision matérielle ; et ensuite, qu'il y a une harmonie dans l'univers *qui est à rechercher* et à imiter dans l'établissement des empires, sous peine de guerre civile, misère et brigandage universels, ou de tyrannie de quelques-uns sur tous, elles courent sur Jérusalem, l'investissent, l'enserrent, et après plus ou moins de temps, escaladant ses remparts, font une mer de sang de sa nombreuse population. Or *Jésus avait très-bien vu, que c'était là infailliblement que la société qu'il avait sous les yeux marchait ;* comme une intelligence supérieure aujourd'hui, sait et peut proclamer avec vérité, que si les *princes,* les nations, et surtout les *classes instruites,* ne rentrent dans la voie de la vérité et de la justice ; et que si, mettant tout amour-propre et égoïsme sous les pieds, elles ne suivent les conseils des hommes de bien instruits, la guerre civile *dévorera l'Occident,* et que l'Europe sera abreuvée et inondée de sang : il n'y a que plus ou moins de temps à attendre pour cela.

Eh ! pourquoi donc cette anarchie de la *Judée* est-elle là, dans le moment, *plus grande* qu'à Rome, en Grèce, en Ionie? Parce que ces contrées, encore plus ou moins sous l'influence de leur ancien culte symbolique, que l'abstraction *anarchique judaïque minait* de plus en plus sans doute, saisie avec passion qu'elle est par les *rationalistes, préteurs* et *juristes*, qui la jetaient partout, *n'admettait pas l'égalité des hommes*, et *appuyait* toujours *un peu une hiérarchie de rangs* et *de capacités*, que la *pensée biblique* n'admettait pas et n'admet pas davantage aujourd'hui. Cette pensée triompha, et on n'a pas besoin d'avoir recours à des moyens surnaturels pour expliquer son triomphe; elle triompha! parce que, favorisant les passions du plus grand nombre, passions, d'un autre côté, augmentées et accélérées, comme on vient de le dire, par la marche ascendante du rationalisme appauvrissant des juristes et éclectiques païens romains, enseignant faussement une égalité des ames et des hommes ; comme conséquence, elle mettait de son côté toute la matière contre l'intelligence (mauvaise intelligence, toutefois, comme on l'a vu); et pourvu que cette matière fût hypocritement calmée et adoucie, comme cela eut lieu d'abord, ignoramment et stupidement ensuite, au *nom de la résignation* et *passion de Jésus*, dans tout le moyen-âge, les fautes, les intermittences qu'elle aurait faites et dont l'intelligence aurait pu profiter pour remonter par-dessus et la remettre sous elle, pour son bonheur, n'avaient jamais lieu ou n'avaient pas lieu assez longtemps. C'est là la seule cause de ces *profondes ténèbres pendant douze cents ans en Occident, et celle de la misérable exaltation de cette série de pâtres romains*, qui, sous le *nom de papes, la tête remplie d'idées bêtes et vides, mais pétris d'orgueil*, ont *perverti l'Occident et abîmé* la *civilisation antique*; civilisation qui a fait, en se développant et s'améliorant graduellement, la félicité non interrompue et universelle des grandes sociétés de l'Asie orientale, depuis plus de quarante-huit siècles !!!

C'est ce qui me faisait dire en commençant (au-delà de ce passage, dans le travail d'où il est pris), que la lecture des institutions chinoises et japonaises, jetait un tel jour sur le livre d'*Esther* et la société *perse* sous *Assuérus*, qu'un monde tout nouveau, non reproduit par la *Bible*, apparaissait à l'instant.

La pensée biblique n'a pas été la seule qui ait tué cette ancienne civilisation : le *mysticisme du désert*, par *Mahomet*, vint l'achever dans tout l'occident de l'Asie et le nord de l'Afrique. Or, la pensée de Mahomet venait de la même source ; et le *Koran* n'est qu'un *rituel*, une *collection* de *prières*, un *recueil d'exclamations mystiques*. Aussi, partout où cette loi s'est établie, partout la ruine et la pauvreté ont succédé à l'aisance, la solitude à la population : les *Arabes* d'Espagne ne jetèrent quelque éclat que par comparaison avec ce qu'avait fait et ce que faisait l'Église de Rome de l'Europe ; et comme l'Europe, dans ses mains, était dans l'état le plus barbare et le plus misérable, les Arabes, qui avaient les ouvrages des anciens savans grecs dans les leurs, lui étaient toujours très-supérieurs. Mais la question de la *bonté du Koran* ne doit pas se décider par ce seul fait, mais par ce que *l'islamisme* a fait de la *Perse*, de toute l'ancienne *Babylonie*, *Médie*, *Syrie* et autres contrées, dont il a presque fait des *déserts*, dont il a détruit les villes, ruiné les arts, anéanti les lettres, brûlé les bibliothèques, et remplacé les nombreux et riches laboureurs qui animaient et égayaient, il y a vingt-quatre siècles, ces belles contrées, par des pâtres et des bergers.

Voyez-le encore aujourd'hui, dans ses gouvernemens! n'est-ce pas toujours un *Kan de Tartares!* qu'ils résident à la ville ou aux champs! gouvernemens qui, *apostés* au milieu des populations, le *sabre en main*, criant *Allah*, priant dix fois par jour au lieu de cinq, et sans une *seule notion* sur l'industrie, sur les travaux de l'homme, *marchant sur les outils, sur les matériaux en œuvre, les mains et les pieds des ouvriers et du peuple,* frappent à droite et à gauche, vociférant toujours ces seuls mots : tribut, rançon, impôts!! Ces troubles incessans dans *l'Albanie, la Bosnie, la Thessalie;* de même dans tous les domaines asiatiques, ne viennent pas d'ailleurs que de ce vandalisme. Car, comme ces gouvernemens ne connaissent, ne voient rien aux actes industriels et d'intérieur de la société, tous les élémens de *déloyauté*, de *ruse* et de *filouterie*, d'un côté, de *retraites mystiques et découragemens furieux, de l'autre,* qui *travaillaient* la *société judaïque* sous le pouvoir romain, y existent en permanence [1]. En sorte que les soulèvemens populaires y ont bien plutôt lieu quand le gouvernement, quand les pachas

---

[1] On peut voir combien tout cela est applicable à la société présente, et combien c'est cette crasse ignorance de la Restauration, avec sa pensée chrétienne, qui, n'ayant pas une notion sur les travaux des hommes, s'est fait renverser par l'industrie, par la société anarchisée et pillée par cette industrie sans gouvernement; laquelle industrie, de son côté, ayant manqué le bien qu'elle cherchait par cette révolution, travaille tous les jours de toutes ses forces pour amener un nouveau renversement de ce qui existe, qu'elle considère comme affreux.

se ralentissent dans leurs exactions (qui ne portent en général que sur les riches voleurs), que quand ils extorquent. Car, tel individu volé, extorqué, rançonné, par un faiseur, un brocanteur, un usurier, avide et déloyal, dans des conventions et marchés civils, et qui insulte les populations dont il a ainsi le produit *des sueurs* dans les mains, est bien plus *furieux*, et ces grands filoux bien plus en horreur aux extorqués, quand ils jouissent [1] tranquillement de leurs injustices, de leur infamie, que quand le gouvernement leur a à son tour enlevé ce qu'ils avaient volé. Tant mieux, dit le peuple, je n'en profite pas, mais ils n'en profiteront toujours pas non plus !

Les *Wahhabites*, quoique l'*Islamisme* fût, ainsi qu'on le voit, presque sans culte, lui en ont encore pourtant trop trouvé. Ils se sont soulevés contre le *Sultan*, contre *Mahomet lui-même*, et ont détruit dans tous le *Nedjed*, l'*Hadramant*, et même l'*Hedjaz*, tous les symboles et monumens religieux, disant que *Dieu est esprit* et n'a pas *besoin d'images* ; or si ce mouvement des *Wahhabites*, qui est assez bien apprécié et vu aujourd'hui comme de nulle importance par les peuples de l'Europe, quoiqu'il soit pourtant en tout semblable à ceux qui avaient lieu sous et *aux temps des Hébreux*, s'il eût eu lieu il y a vingt-cinq siècles, la *Bible* que nous avons, contiendrait, comme celle qu'ils ont dans les mains, quelques chapitres làdessus, peut-être même *des prophéties et un livre entier*, qu'une multitude d'ignares comme ceux du jour, viendraient alors vous présenter comme devant faire *base de constitution sociale* et de *conduite*, ainsi qu'ils le font du code de Moïse et de la conception nazaréenne ! »

[1] Comme beaucoup tout à l'heure ici.

Nous en restons là de la citation que nous avions promise, pour démontrer à la *nuance* catholique du parti carliste, ou plutôt aux lecteurs (car pour elle, elle n'en conviendrait pas), combien est futile le système d'idées sur le quel elle vit. — Nous croyons que les lecteurs penseront de même, après avoir pesé tout ce qui précède. — Dans tous les cas, comme ce n'est ici qu'une très-petite partie des preuves que nous avons, nous les donnerons si cela est nécessaire, dans le cours de cette exposition de l'ordre religieux et social symbolique antique, que nous commençons d'entreprendre, pour démontrer leur immense supériorité sur l'ordre *abstrait*, qui sert de base à tout l'Occident aujourd'hui, et que nous allons continuer de faire par un autre travail à la suite de celui-ci.

22 juillet 1836.

***

P. S. Tout le travail qui précède était livré à l'impression et sous presse avant les anniversaires de juillet. Or, combien de choses et *quelles choses* nous seraient *texte* depuis ! L'arc-de-triomphe de la barrière de l'Étoile seul nous serait matière à un travail dix fois volumineux comme celui-ci ! Car quelle plus éclatante et gigantesque *protestation* contre le *christianisme*, que ce monument ! et

pourtant quelle plus immense erreur, quel signe plus
frappant de la fausse et ténébreuse route dans laquelle
tout l'Occident est engagé! Pour cela, comme pour dix
mille autres faits : au travail suivant.

10 août.

FIN.

DE LA MISSION DU CLERGÉ.

Chose étonnante, la religion
chrétienne qui fait le bonheur de l'homme sur la terre
fait encore son bonheur dans le ciel.

Lettre à Mgr l'Évêque, p. 17.

IMPRIMERIE DE PH.-H. DANNBACH,

RUE ST.ᵉ-HÉLÈNE N.° 7.

9 782013 252539